À *dilla franca*

Petru CIABRINI

À *dilla franca*

Cronichi 2012-2013

Bilingue

Colonna Edizioni

Cullezzione Vernacula
A parolla vernacularia, vernacula o vernaculu (da u latinu « vernaculus ») ci insegna l'arradichera à un locu o à un paesi, mori di più quand'eddu si tratta di a lingua. Cusì pà l'insemi di i Corsi a lingua vernacula hè u corsu.

Colonna Edizioni 2014
A casa turchina - Paisolu di San Benedettu
20167 ALATA
Tél. 06 75 33 50 49 - Fax 04 95 25 30 67
Email : colonnadistria.jj@wanadoo.fr
www.editeur-corse.com

Micheli Solinas, cunsultanti Lingua Corsa
dopucena@gmail.com

Cuncipitura è missa in paghjina : Origine
contact@origine.me

ISBN : 978-2-36984-020-6

ISSN 2274-3995

Dipositu ligali : Terzu trimisata di u 2014

Traductions en français de
Jean-Yves Acquaviva,
Marc Biancarelli,
Jérôme Ferrari,
Marc-Olivier Ferrari et
Jean-François Rosecchi

Préface

Pierre Ciabrini est parti en janvier 2013, à 48 ans, et il lui restait tant de choses encore à écrire et à partager, aussi bien avec les lecteurs qu'il retrouvait chaque semaine au travers de ses chroniques journalistiques qu'avec ses proches auxquels il commentait sans relâche, et avec passion, une actualité qu'il décortiquait en spécialiste.

Dire qui il était, autant que présenter l'homme d'esprit et de lettres, mais aussi incontestablement l'homme d'opinion qu'il fut, n'est pas chose facile lorsqu'on l'a côtoyé, et de si près, en tant qu'ami, et en tant que frère d'âme que le destin a choisi pour vous avec la force de l'évidence. Les mots ont encore du mal à être prononcés. Et la pudeur aussi s'impose, face à ce vide immense, et parce qu'il ne s'agit pas ici d'évoquer n'importe qui. Il s'agit d'évoquer quelqu'un – sans le trahir, et sans tomber dans une flagornerie qui n'aurait aucune raison d'être – en sachant à quel point certaines personnalités sont irremplaçables. Et l'adage, sur ce point, est d'ailleurs d'une stupidité sans nom.

Je ne sais pas par quoi commencer. Je voudrais d'abord parler de Pierre comme de mon frère, vous l'aurez compris, même s'il n'était pas mon frère, bien qu'un sang identique ait coulé dans nos veines, mais ça n'était pas à proprement parler le plus important. Le plus important, c'est qu'il était de ces hommes avec qui vous partez à la guerre. Ou même à la grande fête, ce qui est souvent la même chose. Et la première chose qui me vient à l'esprit, ce sont ces pas faits ensemble. Loin de chez nous, et parfois si loin aussi de Dieu. Pierre était pour moi ce frère avec qui tout est possible, et la confiance totale. Il était le regard bienveillant, la compréhension instinctive. Même, je l'assume, dans une certaine transgression des valeurs dites morales, ou chrétiennes, peu importe, mais en tout cas dans cet intime sacré que les gentilshommes de fortune ne partageront jamais avec le plus grand nombre. Il était aussi celui qui avait le mot juste, lorsque je le cherchais pour l'entendre, l'écouter, parce que je savais qu'il était un pilier sur lequel m'appuyer, que je savais qu'il aurait ces quelques mots qui changent tout dans la manière d'appréhender la vie, et qui la rendent en général meilleure. Il était celui qui manque définitivement lorsqu'il n'est plus là.

Mais voilà que j'en viens à ne parler qu'aux initiés, et j'en oublierais presque d'évoquer plus largement ce que fut son parcours. Je devrais dire d'abord de Pierre, plutôt, qu'il était un « pur » Porto-Vecchiais, si tant est que cela veuille dire quelque chose. J'entends par là qu'ayant grandi au cœur de la ville – à l'époque où elle avait encore une âme – il en connaissait tous les recoins, et en maîtrisait absolument tous les codes, ce qui lui permit d'en devenir un analyste et un chroniqueur hors pair. Il parlait et écrivait dans nos deux langues d'expression, même si le corse possédait pour lui cette plus-value inexplicable qui en faisait sans doute un de ces derniers maîtres de la rue comme ceux que nous entendions autrefois. Je crois qu'il était un vrai amoureux de cette langue, et d'ailleurs ses premières études le menèrent à être un éphémère professeur dont l'Éducation Nationale ne voulut pas, dans l'immense clairvoyance de sa propre médiocrité. Pour être honnête, il n'en faisait en rien une maladie, conscient qu'il était que la liberté se trouvait loin au-delà de ces quatre murs de classe préfabriqués, et que le théâtre de son expression était bien celui de la vie et de la société dont il serait – toujours – un acteur rebelle et un témoin rigoureux. Il n'y a donc aucun hasard s'il devint journaliste, directeur d'agence du Corse-Matin dans la ville de son enfance, et en même temps longtemps responsable de la « page corse » de ce quotidien, avant de devenir le chroniqueur que nous allons retrouver dans ces pages. Car pour rebelle qu'il fut, comme je l'ai dit, il était de ces personnes avides d'écoute et de compréhension. Et je crois que ces chroniques, enfin réunies selon son désir, témoigneront au plus juste de ce qu'était son regard sur la Corse et le Monde : un regard acéré mais en aucun cas malveillant, et révélateur d'un esprit critique qui jamais ne s'éloignait de ce sens de l'humanisme qu'il avait appris au contact des gens du peuple.

Car, bien que princier par certains aspects de son style – une sorte de prince maladroit – Pierre était d'abord et avant tout un « homme du peuple ». Il se refusait à observer son monde du haut d'une tour d'ivoire. Et préférait le contact de la rue à l'analyse pédante des salons dorés. Il fut donc un vrai journaliste de terrain, prêt à s'exposer et parfois à subir les retours acerbes de lecteurs insatisfaits, voire les menaces, comme lorsqu'un « journal » d'extrême opinion crut bon de le mettre en garde un jour – au début des années quatre-vingt-dix, et alors que ça sentait la poudre – en l'interpellant directement dans l'intitulé d'un article : « O Pè ne sens-tu rien venir ? » Dire qu'il en fut ébranlé serait faire injure à son stoïcisme. Sa réponse fut de se présenter – seul – à une réunion de ses détracteurs pour leur demander des comptes, en toute tranquillité. Parce qu'il était tout simplement comme ça, droit dans ses bottes dès lors qu'il pensait avoir raison, et rétif à toute forme de menace, d'intimidation ou de pression. Il n'était pas un héros, je ne dis pas ça, mais il était un homme debout, qui ne léchait pas des mains ni ne courbait l'échine de manière vile. C'est suffisamment rare pour qu'on ait envie de le dire. Un homme qui donnait toujours sa chance au rapport humain mais ne tendait pas facilement l'autre joue. Là encore, je pourrais témoigner de certains soirs, où il fallait y aller, malgré la répugnance, et lui, il y allait, montrant le torse plutôt qu'autre chose, pour un ami, pour un frère, mais à quoi bon évoquer ces choses-là ?

Je préfère revenir à ses premiers faits d'arme au sein de l'association Embiu di Quinci. En 1990, il fut de ceux qui créèrent à Porto Vecchio une structure qui donna – je le pense – un souffle nouveau à la manière de s'impliquer pour la culture, loin des diktats et des exigences de la « lutte de libération », et loin également des niaiseries resucées de certains nervis de la culture officielle. L'association donnait des cours de corse, proposait des sorties archéologiques, organisait des expositions ou des spectacles, et publiait un journal de création, *A Pian d'Avretu*, qui fut un temps une sorte de laboratoire de la liberté d'expression et de l'émancipation individuelle, et ce pour nombre d'auteurs. Un organe de contre-culture comme on en fit peu en Corse, et dont il fut d'ailleurs le directeur de 1993 à 1995, pour quelques numéros, sans doute les meilleurs de la première époque. Il participa également à quasiment tout ce que proposait l'association en dehors du journal. L'archéologie le passionnait, et il encadrait des jeunes pour des sorties, parfois jusqu'en Sardaigne. Ami du regretté Daniel Parigi, dont je pense qu'il faisait également partie de ces gens irremplaçables, il n'était pas pour rien non plus dans les différentes participations de l'association à l'émission radiophonique *Ghjustra Paisana*. Embiu di Quinci, plus branchée sur la fête que sur la vraie compétition, ne passa d'ailleurs jamais un tour de ladite épreuve. Les soirées qui suivirent, avec les animateurs ou les équipes adverses, n'en furent pas moins mémorables, et fortement arrosées je le confesse. Ai-je besoin de préciser que Pierre, avec son éternelle joie de vivre, en était déjà un capitaine magnifique et incontestable ?

Il était aussi, et je l'ai déjà évoqué, un journaliste fortement investi dans la couverture des événements porto-vecchiais, et à ce titre – mais pas seulement – il devint une « voix », pour ne pas dire la voix d'une région entière qui lui déléguait souvent le soin de dire ses joies, ses conflits ou ses peines. Les mots sincères qu'il écrivait, au cœur des plus vives tensions politiques, ou à l'occasion des deuils les plus cruels, touchaient le cœur de la communauté et resteront dans les mémoires de beaucoup d'entre nous. Ces mots-là portaient la marque de l'intelligence et de l'authenticité, et plus encore s'imposaient à tous avec la force de la légitimité. Il n'y a donc rien d'étonnant à ce que Pierre soit devenu, après en avoir été une plume tout aussi brillante que caustique (pensons ici à ses fameux billets dans la chronique « Sali è Zinzali ») le directeur de l'agence pour laquelle il travaillait parfois nuit et jour. Il le resta jusqu'à son dernier souffle.

Éclectique, Pierre fut aussi très impliqué dans le monde sportif, et je pense qu'il est normal de l'évoquer. Extrêmement doué en athlétisme, et aussi très bon joueur de football, mais ayant eu à souffrir de blessures aux genoux alors qu'il était jeune, c'est dans la pratique du golf qu'il excellait. C'était d'ailleurs un sujet de taquinerie pour ses amis qui y voyaient comme un paradoxe, et l'entreprenaient régulièrement sur son encanaillement sportif du côté des notables. Une « *sgiurizia* » qu'en général il éreintait avec jubilation. Mais lui se moquait bien des paradoxes, et il nous rappelait toujours dans un sourire que le golf était également le sport favori de Che Guevara. Dont acte. Enfin, passionné de handball, Pierre demeura longtemps président du club de Porto Vecchio. Je sais que dans cet univers particulier, il a aussi laissé de nombreux amis dans le chagrin.

Je n'ai pas parlé de son goût des voyages, de sa *soif de monde*. Mais je dois en dire deux mots, parce que tout cela a quelque chose à voir avec son immense tolérance, avec sa curiosité, sa réelle ouverture d'esprit. Loin du microcosme insulaire, ses pas l'ont porté jusqu'en Égypte, en Angleterre, en Espagne, en Italie, et encore plusieurs fois aux États-Unis. Et en d'autres lieux encore. Je ne parle même pas de ses nombreuses incursions sur le Continent. Il rêvait aussi quelque part de s'installer en Guadeloupe, qu'il aimait passionnément. Peut-être d'y finir ses jours. Il n'était pas quelqu'un de borné, quelqu'un qui a besoin de frontières pour se rassurer. Il aimait la vie et il aimait les gens. Il aimait son pays mais il savait aimer tout autant ce qui n'avait rien à voir avec son pays. Pour lui les gens n'étaient pas marqués du sceau de l'infamie dès lors qu'ils étaient noirs, gays ou étrangers, et au contraire il savait prendre la plume pour dénoncer les préjugés, les haines ignorantes, l'obscurantisme de classe ou de pedigree. Cet engagement vous le retrouverez naturellement dans les textes qui vont suivre.

Et j'en viens donc au livre qui vous est proposé ici. Il est un hommage à Pierre, certes, un hommage juste et élémentaire, mais il n'est pas que cela. Il est aussi le fruit d'un désir profond d'édition de la part de son auteur, je l'ai déjà dit plus haut, et surtout le témoignage éternel de son talent. Déjà atteint par la maladie, Pierre avait évoqué l'idée de publier ses chroniques en recueil, et voulait les offrir en version bilingue. Il m'avait également demandé d'écrire les mots de présentation, ce que je fais aujourd'hui avec peine, car à aucun moment il ne m'est possible de me détacher de ce sentiment d'injustice que j'éprouve en imaginant que tout ceci est désormais posthume. Je ne peux non plus me détacher de certains souvenirs, sachant que le travail sur ce livre fut le dernier combat littéraire qu'il mena, et aussi notre dernier partage. Des amis se sont associés à moi au moment de traduire ces textes, ils ont pour noms Jérôme et Marc-Olivier Ferrari, Jean-François Rosecchi et Jean-Yves Acquaviva. Il me faut ici les remercier fraternellement. Je sais que Pierre aurait été heureux et fier de leur complicité. Je voudrais dire enfin qu'à aucun moment, à l'instant de travailler sur ces textes et leur édition, nous n'avons cessé de penser à Emma et à Stefanu, les enfants de Pierre, ainsi qu'à Muriel, leur maman. Nous avons pensé aussi beaucoup à Jacqueline, sa mère, si courageuse, ainsi qu'à Nathalie, sa compagne.

Le livre est donc maintenant à vous. En version originale, ou par l'entremise des traductions françaises, vous allez y découvrir, ou y redécouvrir, des chroniques hebdomadaires qui furent publiées d'avril 2012 à janvier 2013, dans le quotidien Corse-Matin. Elles sont des regards sur la Corse et sur des horizons plus lointains, et témoignent de tout ce qui faisait l'engagement de Pierre, ses révoltes contre le racisme et la violence sordide, son combat pour l'égalité et le respect de la diversité, pour tous les droits fondamentaux. Elles témoignent aussi de son humour sans limites, l'humour d'un humaniste au grand cœur, et enfin de son aspiration à ce qu'une Corse apaisée puisse s'ouvrir au monde sans devoir se renier en chemin. Cette paix, qui revenait si souvent dans ses écrits, et qui était peut-être pour lui une sorte de quête supérieure, comme chez son maître à penser le poète et résistant Pierre-Jean Milanini, qu'il cite dès sa première intervention.

Toutes les chroniques ont été traduites, sauf la dernière, *Lettara d'un' isula à Babbu Natali*. Ce dernier texte, un poème, comme pour rappeler à tous qu'il était aussi un poète, n'était tout simplement pas traduisible. Cela arrive, parfois. Lorsque nous l'avons lu, je veux dire ses amis, sa famille, nous avons su qu'il s'agissait d'un texte à part, le dernier texte, et qu'il était marqué du sceau du testament. Pierre y dit, avec les mots et les états de son enfance, tout ce en quoi il croit, tout ce à quoi il aspire, non plus pour lui, mais pour son île, son peuple, et tous et toutes en général. Il s'adresse au plus grand nombre, avec tendresse, mais aussi et surtout à ses proches, dans sa langue, et en nous tenant la main, comme si nous étions à ses côtés, que nous l'écoutions parler à voix basse. À ceux qui ne pourront lire ce texte, écrit au cœur des dernières fêtes de Noël qu'il allait vivre, et juste avant d'éteindre la lumière, je peux dire que Pierre y parle d'amour et de mémoire, de courage et de dignité. Il incarne la Corse, elle est lui et porte sa voix la plus intime. Il refuse de nous dire au revoir, il est maintenant l'enfant qui courrait dans les chaos rocheux au-dessus du village, il est ces mots d'innocence et ce rire éternel, il reprend ses accents mélangés de mélancolie et de gaîté. Il nous regarde, de son regard malin, mais son regard plein de gentillesse, et il nous accompagne encore et toujours. Et il nous parle de partage, d'espoir. Puis, en offrande, il nous laisse son âme, lumineuse, et un livre. Pour l'éternité.

Marc Biancarelli

À dilla franca 1

(14 aprili 2012)

Pasqua assassina

« Ùn ci hè Pasqua d'allegria senza paci in Algeria », scrivia u pueta Pierre-Jean Milanini in l'annati 60. Ind'è no dinò, quist'annu, i festi di Pasqua sò stati sanguinosi. Un omu tumbu da una bomba in Aiacciu, dui altri assassinati in Aleria… Trè omini, trè nomi chì s'aghjustani à una lista, dighjà longa, di quiddi chì sò cascati in una guerra ch'ùn dici micca u so nomu. À nomu d'una ghjustizia senza tribunali, senza avvucati, senza tistimonii… Quisti sì chì i crimini sò un' inghjulia à i pratinduti valori è tradizioni cristiani di a Corsica. Altru chì un affissu schirzosu di unu studienti di l'università di Corti.

Induva sò l'idei ?

Uni pochi di militanti iculugisti ani manifistatu, in Corsica è in cuntinenti, contru à i ricirchi di pitroliu in u Miditarraniu. Daveru ci saria un risicu pà a saluta di u nosciu mari è di i nosci costi. A maior parti di l'aghjenti sò cirtamenti d'accunsentu incù quiddi chì s'opponini à a cunquista di l'oru neru in quistu mari chjusu. Allora micca pitroliu, va bè ! Ma induva sò l'idei ? A quandu una vera pulitica in favori d'una inergia pulita à partasi da u ventu è u soli, com'è in certi paesi chì sò purtroppu in u nordu di l'Auropa. O allora ci vularà ad aspittà quiddu famosu gasu ch'ùn ghjunghjarà podassi mai da l'Algeria via a Sardegna. Campa cavaddu chì l'arba nasci…

Pani è ghjochi

Detili pani è ghjochi, si dicia in a Roma antica. In Corsica u ghjocu rè, quiddu chì faci abbuccà l'aghjenti in i stadii, hè u ballò. È quist'annu, l'affari vani più chè bè par i squadri isulani. Tutti ani salutatu sta sittimana u bellu parcursu di u GFCOA in cuppa di Francia. Ùn mancaia chè un

pocu di finezza o di tattica pà francà l'ultima scalinata, contru à i prufiziunali di Lyon. Hè statu pò dassi un sbagliu da a parti di Sansonu di vulè vincia à Gugliattu impiighendu solu a forza.
In u stessu tempu, Bastia, chì s'appronta à ricuddà in prima divisioni, aspetta sempri u so stadiu, 20 anni dopu a stragi di Furiani. Quista sì ch'hè un' offesa à quiddi chì sò cascati u 5 di maghju. Certamenti più crudeli chè di sapè s'iddu si devi ghjucà à ballò o nò, stu ghjornu quì, in tutta a Francia.

Razzismu ?

In Aiacciu, ani picciatu un locu di prighera musulmanu. À nantu à i muri c'era scittu « Arabi Fora ». È po' dissegni chì dani a scelta trà a balisgia o a cascia. Pasqua d'allegria ! Valori cristiani… Allora, a Corsica sarà razzista ? A Corsica nò, ma uni pochi di Corsi sì. Comu sarà chì, in u sundaghju publicatu in u nosciu cutidianu, 23 % di quiddi chì si dicini naziunalisti s'approntani à vutà pà Marine Le Pen. Eppuri u naziunalismu corsu rivindichighja l'umanismu è l'apartura à l'altri. Allora, ùn hè chè un sundaghju, mi diciareti. Ci vularà à virificà incù un' analisa fina di u primu tornu di i prisidinziali. Ma a parolla « naziunalismu » hà un pesu, una storia, trascina uni pochi di valori chì sò difficiuli ad accuncià incù l'umanismu.

Prisidenti è candidatu

In fini di sittimana hè ghjuntu u prisidenti candidatu. Paria abbastanza fieru di u so bilanciu, rivindichendu una calata di a viulenza in Corsica, fora podassi pà l'umicidii. Sciffri, statistichi… Ma pò dassi chì quiddi chì campani quì, pò dassi chì tutti i famiddi chì sò stati tocchi dapoi l'anni è l'anni, ùn ani micca u stessu parè. Sta calata di a viulenza ùn la risentini tantu. Di tutta manera ùn ci hè da frasturnassi, ciò ch'un hè statu fattu fin'ad avà l'hà da fà in i 5 anni chì venini. Daveru, l'hà prumissu. Basta à vutà ! Tularenza zeru hà dittu. Incù una prima misura :

caccià l'armi à quiddi chì l'ani dichjarati. Tamanta prova ! Ùn sò certamenti micca quisti qui chì tumbani in Aiacciu, in Aleria, in Sartè o in Bastia. Ma, pà l'opinioni publica francesa, a misura pò passà com'è un attu curaghjosu. Sarko sì, o Sarko nò...

À dilla franca 1

(14 avril 2012)

Pâques mortelles

« Il n'est d'heureuses Pâques sans paix en Algérie », écrivait le poète Pierre-Jean Milanini dans les années soixante. Chez nous, cette année, les fêtes de Pâques ont été sanglantes. Un homme tué par une bombe à Ajaccio, deux autres assassinés à Aleria… Trois hommes, et trois noms qui s'ajoutent à une liste déjà longue, la liste de ceux qui sont tombés dans une guerre qui ne dit pas son nom. Et au nom d'une justice sans tribunal, sans avocats, sans témoins… Ces crimes-là, oui, sont une insulte aux prétendues valeurs chrétiennes de la Corse. Et ce bien plus que l'espiègle affiche d'un étudiant de l'université de Corte.

Où sont les idées ?

Des militants écologistes ont manifesté, en Corse et sur le Continent, contre les recherches pétrolières en Méditerranée. Et il y aurait effectivement un danger pour la mer qui nous entoure ainsi que pour nos côtes. La majeure partie des gens semblent certainement en accord avec ceux qui s'opposent à la conquête de l'or noir dans une mer fermée. Alors certes, laissons de côté le pétrole ! Mais où sont les idées ? Quand verra-t-on s'exprimer une réelle politique en faveur d'une énergie propre, s'appuyant sur l'éolien ou le solaire comme dans certains pays qui sont pourtant bien au nord de l'Europe ? Ou alors faudra-t-il croire en ce fameux gaz qui n'arrivera peut-être jamais d'Algérie via la Sardaigne… Mais vivons, vivons donc encore d'insouciance…

Du pain et des jeux

Donnez-leur du pain et des jeux, disait-on autrefois à Rome. En Corse, le roi des jeux, celui qui fait accourir les gens dans les enceintes sportives, c'est le football. Et cette année, il est vrai, les choses fonctionnent plutôt bien pour les équipes insulaires. Tout le monde, cette semaine, a salué le joli parcours du GFCOA en Coupe de France. Et sans doute ne manquait-il qu'un peu de finesse, de sens tactique, pour franchir l'ultime étape contre les professionnels de Lyon. Ou bien était-ce une erreur, de la part de Samson, de vouloir terrasser Goliath en n'employant que la force… Dans le même temps, Bastia – qui s'apprête à retrouver la Première Division – attend toujours un stade, 20 ans après la tragédie de Furiani. Et la véritable offense à ceux qui sont tombés un 5 mai est plutôt celle-ci. Certainement plus cruelle que de savoir s'il faut ou non jouer à cette date partout en France.

Racisme ?

À Ajaccio, c'est un lieu de prière musulman qui est parti en flammes. Avec écrit sur les murs : « Les Arabes dehors ». Le tout accompagné de desseins donnant le choix entre la valise et le cercueil. Heureuses Pâques ! et valeurs chrétiennes… Alors, la Corse est-elle raciste ? La Corse non, mais certains Corses oui. Comment se fait-il par exemple que dans un sondage publié par notre quotidien, 23 % de ceux qui se disent nationalistes sont prêts à voter en faveur de Marine Le Pen. Et pourtant le nationalisme corse se revendiquerait de l'humanisme et de l'ouverture aux autres. Certes, ça n'est qu'un sondage, me direz-vous. Et encore faudra-t-il vérifier tout ça avec une analyse poussée du premier tour des présidentielles. Mais le mot « nationalisme » conserve malgré tout un poids, dans l'histoire, et semble toujours vouloir cultiver des valeurs difficilement conciliables avec l'humanisme.

Président et candidat

En fin de semaine est arrivé le président candidat. Il semblait assez fier de son bilan, revendiquant même une baisse de la violence en Corse, hormis peut-être en ce qui concerne les homicides. Chiffres, statistiques… La question est de savoir si ceux qui vivent ici, et notamment les familles meurtries depuis tant d'années, partagent ce point de vue. Car cette baisse de la violence, elles ne semblent pas trop la ressentir. De toute façon il n'y a pas à s'inquiéter : ce qui n'a pas été fait jusqu'à présent sera réalisé dans les 5 ans à venir. Réellement, Il l'a promis. Il suffit juste de voter pour lui ! Tolérance zéro, a-t-il réaffirmé. Et avec ça une première mesure : ôter leurs armes à ceux qui les ont déclarées. Quel exploit ! Alors que chacun sait que ceux qui tuent, à Ajaccio, à Sartène ou à Bastia, ne font certainement pas partie de ce lot. Sans doute, pour l'opinion publique française, la mesure doit-elle passer pour courageuse. Sarko oui, Sarko non…

Traduction Marc Biancarelli

À dilla franca 2

(21 aprili 2012)

Pocu frebba alitturali

Com'è l'altri alittori in tutta a Francia, oghji i Corsi sò chjamati à vutà pà u primu ghjiru di a prisidinziali. A sapemu, ind'è no, ci piacini l'alizzioni, ma tutti i scrutini ùn ani u stessu valori. Ancu s'è tutti i candidati ani fattu u viaghju in Corsica pà circà di cunvincia è strappà qualchì votu, ùn si pò micca dì ch'iddu ci sia statu una vera passioni pà sta campagna. Di sicuru, ci sò i partighjani di unu o di l'altru, ma frebba alitturali pocu è micca. Allora, i Corsi andarani à vutà ma ùn s'aspetta micca una participazioni maiori. Ci voli à dì chì u palazzu di Eliseu hè in Parigi, vena à dì un pocu luntanu, al dilà di u mari... Ma prestu ci sarani i diputazioni, è quì a frebba hà da cuddà. Micca una frebba à 40° com'è pà i municipali, ma quantunqua di chì dà una bella pena in capu à uni pochi.

Soldu Tafunatu

In sta campagna, si hè ancu intesu a pruposta d'un gruppu d'astuttoni à nantu à internet chì cunsiglia à u futuru prisidenti di a ripublica di vendasi a Corsica è l'isuli di i Caraibi pà rimpattà i casci di a Francia. Ma qual'hè chì ci hà da cumprà à no ? Guadalupeani è Martinichesi pronti à fà 42 ghjorni di greva par rivindicà una sucità più ghjusta o Corsi chì rumbicani dapoi l'anni è l'anni pà circà di mantena un' identità chì minacciaria u mudellu ripublicanu. Allora i dollari, i Yen o l'Eurò i poni sempri aspittà. À u meddu a Francia pudaria vinciasi uni pochi di soldi tafunati, di chì mandà una squatra parigina à i prossimi ghjochi nustrali di a fiera di San Teofalu.

U lamentu di a Siria

Sè ind'è no i cambiamenti pulitichi si sceddini a duminica par via di u votu, in certi paesi, hè in carrughju chì i populi circani di strappassi un pezzu di libartà. Hè u casu in Siria, induva, da mesi è mesi, i morti si contani à millai. Civili, donni, ziteddi… 11 000 morti, 65 000 parsoni spariti, più di 200 000 milla arristati da a pulizza o l'armata. Culà sì chì a parolla « Riprissioni » pidda tuttu u so sensu. È l'affari si passa senza nisciuna intarvinzioni di l'altri nazioni. Incapaci ch'iddi sò à sustena un populu in lutta, allora ch'iddi si dicini i difensori di i dritti umani. In Libia sì chì si sò lampati senza aspittà un accordu intarnazionali ch'ùn ghjunghjarà mai. Ma pò essa chì culà i grossi sucità uccidintali erani più chè pronti à fassi vena in manu i puzzi di pitroliu è i spiaghji diserti di un locu ch'era guasgi chjusu à u turismu ingurdu.

L'alifanti è i muvri

Si hè vistu dinò sta sittimana u Rè di Spagna chì hè statu custrettu à prisintà i so scusi pà avè spesu guasgi 40 000 eurò in un viaghju di caccia à l'alifanti in Africa. Ci voli à dì chì al dilà di u rispettu di sti povari animali, ci hè dinò u fattu chì u guvernu ibericu imponi, in u stessu tempu, à u so populu di stringhjasi a cinta di manera più chè dura. Ind'è no, l'affari ci ramenta un prisidenti di a ripublica chì, in l'annati 70, era ghjuntu in Corsica par caccighjà i muvri, archibusgienduli, incù i so amichi, senza mancu scalà da u so elicotteru. Quistu quì, in africa caccighjaia i diamanti, Ma in Corsica era impressu à i muvri. Ma tandu, scusi ùn ci n'hè statu.

Briziu d'Aiacciu

Par compia sta cronaca, circaremu di rida à pena. In u mondu intrevu certi cità s'accoppiani incù d'altri pà sviluppà scambii ecunomichi o culturali. « Jumelage », si dici in francesu. Hè cusì chì Corti s'hè accuppiata incù Paoli City chì si trova in i Stati Uniti. L'affari pari logica. Ma Aiacciu dinò s'hè accuppiata incù una cità americana : Dana Point in Califurnia. Ma chì raghjoni ci sarà par avvicinassi incù sta cità di 35 000 abitanti. S'idd'ùn hè una cuuperazioni à niveddu di i *smart phone* vistu chì Dana Point si trova in a pruvincia di « Orange », ùn pò essa chè par via di u surf. Di fattu, stu locu di a costa pacifica hè rinumatu pà st'attività chì li faci ghjunghja tutti l'anni una manata di ghjovani appassiunati da a sculiscera. Allora pò essa chì ind'è no dinò ci hè qualchì Briziu d'Aiacciu ch'aspetta a so cavaddata di mari, à nantu à a spiaghja di Purtichju o quidda di Capu di Fenu. Cassatu !....

À dilla franca 2

(21 avril 2012)

Légère fièvre électorale

Comme les autres électeurs partout en France, les Corses sont aujourd'hui appelés à voter dans le cadre du premier tour de l'élection présidentielle. Nous savons que chez nous, les élections plaisent, même si tous les scrutins n'ont pas la même saveur. Et si tous les candidats ont fait le voyage en Corse pour essayer de convaincre les électeurs et d'y gagner leurs voix, il est difficile de dire qu'il y ait eu un réel engouement pour cette campagne. Certes, les partisans existent pour les uns ou les autres, mais sans réelle fièvre électorale. Alors même si les Corses iront bien voter, on ne s'attend pas à une participation exceptionnelle. Il faut dire que le palais de l'Elysée est toujours à Paris, c'est-à-dire un peu loin, au-delà de la mer… Mais l'on votera cependant bientôt pour les députations, et à cette occasion la fièvre risque de monter. Pas une fièvre à 40° comme pour des municipales, mais tout de même de quoi provoquer chez certains quelques jolis maux de tête.

Sou troué

Dans cette campagne, on a même entendu sur internet la proposition d'un groupe d'allumés qui conseillent au président de la république de vendre la Corse aux îles Caraïbes, ce afin de renflouer les caisses de la France. Mais qui donc voudra bien « acheter » des Guadeloupéens et des Martiniquais capables de faire 42 jours de grève en revendiquant une société plus juste, ou bien des Corses qui s'agitent depuis des années et veulent maintenir une identité qui menacerait le modèle républicain ? Alors les dollars, les yens ou les euros risquent bien de se faire attendre. Au mieux la France pourra-t-elle gagner quelques sous troués, juste de quoi envoyer une équipe parisienne aux prochains jeux locaux de Saint Théophile.

La complainte de la Syrie

Si chez nous les changements politiques se choisissent le dimanche, par le biais d'un vote, dans certains pays c'est par la rue que les peuplent cherchent à conquérir un souffle de liberté. C'est le cas en Syrie, ou depuis des mois les morts se comptent par milliers. Des civils, femmes ou enfants… 11 000 morts, 65 000 disparus, et plus de 200 000 personnes arrêtées par la police ou l'armée. Là-bas, oui, le mot « répression » prend bien tout son sens. Et les choses se passent sans que n'interviennent les autres nations, incapables qu'elles sont à soutenir un peuple en lutte, alors qu'elles se prétendent de la défense des Droits de l'Homme. En Libye elles s'étaient pourtant engagées sans attendre un accord international qui n'arrivera jamais. Mais peut-être, là-bas, les grosses sociétés occidentales étaient-elles plus désireuses de faire main-basse sur les puits de pétrole, ou les plages désertes d'un endroit quasiment préservé de la voracité du tourisme.

Les éléphants et les mouflons

Cette semaine, on a vu également le Roi d'Espagne contraint de présenter ses excuses après avoir dépensé presque 40 000 euros pour un voyage de chasse aux éléphants en Afrique. Il faut bien dire, au-delà du respect dû à ces malheureux animaux, qu'il y a aussi le fait que dans le même temps le gouvernement ibérique impose sévèrement à son peuple de se serrer la ceinture. Cela rappelle, chez nous, un président de la république qui était venu en Corse dans les années soixante-dix afin de chasser le mouflon, et qui leur tirait dessus avec ses amis sans même descendre de son hélicoptère. Le même, qui chassait donc les mouflons corses, chassait également les diamants en Afrique. Mais il n'y eut pourtant, en cette occasion, aucune excuse de sa part.

Brice d'Ajaccio

Pour terminer cette chronique, nous allons tout de même essayer de sourire un peu. Dans le monde entier des villes se lient à d'autres dans le but de développer les échanges économiques et culturels. C'est ce qu'on appelle en français un *jumelage*. Ainsi la ville de Corte s'est-elle associée à Paoli City, qui se trouve aux États-Unis. Chose qui semble logique. Mais Ajaccio s'est de même liée à une autre ville américaine : Dana Point, en Californie. Quelle peut être la raison d'un rapprochement avec cette cité de 35 000 habitants ? Si ce n'est une coopération à propos des smart phones – Dana Point se trouvant dans la province dite d'Orange – cela ne peut être qu'en raison du surf. Effectivement, cet endroit de la côte pacifique est des plus renommés concernant cette activité, et voit déferler tous les ans des foules de jeunes gens passionnés par la glisse. Alors peut-être se trouve-il chez nous un Brice d'Ajaccio qui attend la prochaine vague, sur la plage de Porticcio ou bien de Capo di Feno ? Cassé !

Traduction Marc Biancarelli

À dilla franca 3

(28 aprili 2012)

A timpesta naziunalista di a Marina

Evviva u Fronti ! 18 % à niveddu naziunali, guasgi 25 % ind'è no... Si dici chì i Corsi sò sempri stati più pastori chè marinari ma sta volta si sò ingaghjati belli numarosi in a marina. In un sundaghju publicatu nanzi à u primu tornu s'annunciaia chì l'alittori di sensibilità naziunalista s'appruntaiani à vutà à 23 % pà u Fronti Naziunali. Di fattu, sò i Corsi in generali ch'ani fattu sta scelta quì. A Corsica si metti cusì à contrapuntu di l'altri isuli francesi (Riunioni, Guadalupa, Martinica), induva a capitana di u FN ùn varca micca i 6 %. Insecurità, imigrazioni, islamizazioni di a sucità sò i tema maiori di a campagna di Marine Le Pen. Sarani quisti i prublema principali di a Corsica ? O quiddi di l'impiegu, di l'alloghju, di a spiculazioni ? Stu votu pò essa dunqua u segnu d'una vulintà di cuntistazioni ma pò essa dinò a sprissioni d'una spartera di l'idei, in un paesu induva a cultura pulitica hè sparita in uni pochi d'anni, massimu ind'è i ghjovani. Sta sprissioni à prò di u naziunalismu francesu si ritrova in i cità ma dinò guasgi in tutti i paesi di l'internu. Da Cuzzà à Rusazia, da Mazzola à Croce. È ancu in Merusaglia... Scitati o Pasquale Paoli ! Chì quistu u naziunalismu si trascina uni pochi di valori chì sò difficiuli ad accuncià incù l'umanismu. È in stu duminiu quì, a cuntinuità tarrituriali viaghja di manera miravigliosa.

U ritornu di u trenu

Parlendu di cuntinuità tarrituriali, ci voli à salutà u votu, à l'unanimità, di l'assamblea di Corsica à prò di un studiu par circà di fà vultà u trenu in a piaghja urientali, è pò essa ancu in sinu à Bonifaziu. Allora, di sicuru, ùn hè ancu fattu. È ancu s'iddu si faci ùn sarà micca un TGV. Ma quista sì chì a dicisioni piddaria in contu unu di i veri prublema di a Corsica, purtendu sviluppu è « travaddu veru ». Aspittaremu dunqua 'ssu trenu. È intantu, pà firmà in a tematica di a marina, *la nave và*…

Chikungunya

In stu mesi di maghju ripiddarà in a parti suttana di a Francia è in Corsica a lutta contru à u zinzali tigru. Un' invasioni chì ci veni da l'Asia è chì pò purtà certi malatii com'è u « chikungunya ». Ci voli dunqua à scumbatta contru à l'imigrazioni clandistina di 'ssi zinzali frusteri chì raprisentati un priculu maiori pà a saluta di a noscia sucità. Zinzali chì cuntistighjani dinò u drittu di u sangu di i nosci zinzali à no. Di quiddi chì punghjini solamenti i turisti è mai i Corsi. Una certa identità, una certa prafirenza naziunali…

Zinzali bastiacci

In l'attualità di a sittimana ùn sminticaremu micca a bella prova di Bastia chì s'appronta à ricuddà in liga 1 di ballò. Sta squatra di u Sporting faci idda dinò parti di l'identità corsa, guasgi di u nosciu patrimoniu. Spiremu dunqua chì u SCB è subratuttu quiddi chì u sustenini sarani capaci di raprisintà a Corsica di bella manera à nantu à i tarreni di Francia è d'Auropa. Ch'iddi sarani capaci di purtà i veri valori spurtivi, quiddi di u sforzu parsunali, di a sulidarità, di l'amicizia. Di u rispettu di l'altru, qual sia ch'iddu sighi u so culori, senza tena contu di a so naziunalità o di a so origina. Ci voli sempri à ramintassi chì a spurtività ùn pò micca essa a manera di cumpurtassi com'è una sporta...

À dilla franca 3

(28 avril 2012)

La tempête nationaliste de la Marine

Evviva u Fronti! 18 % au niveau national, presque 25 % chez nous… On dit que les Corses ont toujours été plus bergers que marins, mais cette fois c'est en masse qu'ils se sont engagés dans la « marine ». Dans un sondage publié avant le premier tour on annonçait que les nationalistes s'apprêtaient à voter à hauteur de 23 % pour le Front National. En fait, ce sont les Corses de manière générale qui ont fait ce choix. La Corse se met ainsi en opposition aux autres îles françaises (Réunion, Guadeloupe, Martinique) où la capitaine du FN n'a pas franchi la barre des 6 %. Insécurité, immigration, islamisation de la société ont été les thèmes majeurs de la campagne de Marine Le Pen. Les problèmes majeurs de la Corse sont-ils là ? Ou bien sont-ce ceux de l'emploi, du logement, de la spéculation ? Ce vote peut donc représenter le signe d'une volonté de contestation, mais il peut être aussi l'expression d'un partage des idées, dans un pays où la culture politique a disparu en quelques années, surtout chez les plus jeunes. Cette expression favorable au nationalisme français se retrouve dans les villes, mais également dans presque tous les villages de l'intérieur. De Cozzano à Rusazia, de Mazzola à Croce. Et même à Morosaglia… Réveille-toi Pascal Paoli ! Car ce nationalisme-là charrie des valeurs difficilement conciliables avec l'humanisme. Et dans ce domaine précis, la continuité territoriale fonctionne merveilleusement bien.

Le retour du train

En parlant de continuité territoriale, il faut saluer le vote de l'assemblée de Corse, à l'unanimité, en faveur d'une étude dont l'objet est de faire revenir le train en plaine orientale, et peut-être même jusqu'à Bonifacio. Certes, cela est encore loin d'être réalisé. Et même si l'on y parvient, on ne mettra pas en place un TGV. Mais cette décision-là, réellement, prendrait en compte les vrais problèmes de la Corse, apportant le développement ainsi que le « vrai travail ». Nous attendrons donc ce train. Et dans l'attente, afin de rester dans la fameuse thématique de la marine, *la nave và*…

Chikungunya

En ce mois de mai reprendra, dans la partie méridionale de la France ainsi qu'en Corse, la lutte contre le moustique-tigre. Une invasion qui nous vient d'Asie et qui peut apporter certaines maladies comme le chikungunya. Il convient donc de lutter contre l'immigration clandestine de ces moustiques étrangers qui représentent un péril majeur concernant la santé de nos sociétés. Moustique qui de plus contesterait le droit du sang de nos propres moustiques. Ceux qui piquent juste les touristes, pas les Corses. Une certaine identité donc, une certaine préférence nationale…

« Zinzali bastiacci[1] », Moustiques bastiais

Dans l'actualité de la semaine, nous n'oublierons pas la belle prouesse sportive de Bastia, qui se prépare à remonter en Ligue 1. Cette équipe du Sporting fait elle aussi partie de l'identité corse, et quasiment de notre patrimoine. Espérons donc que le SCB, et surtout ceux qui le soutiennent, représenteront la Corse de belle manière sur les terrains de France et d'Europe. Qu'ils seront capables de porter haut les vraies valeurs du sport, celles de l'effort personnel, de la solidarité, de l'amitié. Le respect de l'autre, aussi, quelle que soit sa couleur de peau,

[1] *I Zinzali bastiacci* sont un groupe de supporters bastiais originaires de l'Extrême-Sud de la Corse.

et sans tenir compte de sa nationalité ou de son origine. Car il faut toujours se rappeler que la sportivité ne peut pas être le fait de se comporter comme une *sporta*[2]...

Traduction Marc Biancarelli

[2] NDT : En corse, *a sporta* est un panier sans grande valeur. *Cumpurtassi com'è una sporta* (expression néologique sans doute propre à l'auteur) = avoir une attitude de vaurien.

À dilla franca 4

(5 maghju 2012)

Un' identità d'origina cuntrullata

Dopu à u vinu, u meli, a farina castagnina, l'oliu d'alivi è u brocciu, eccu chì a sciarcutaria corsa otteni anch'idda a so carta d'identità. Un'AOC fistighjata com'iddu si devi da i pruduttori nustrali chì ci vidini quì una ricunniscenza di u so travaddu è di u so sapè fà. Una cirtificazioni chì hà dinò un valori ecunomicu pà pudè fà a diffarenza trà prisutti, lonzi è coppi di qualità, di pettu à d'altri d'origina micca sempri cunnisciuta. Incù quista Appellazioni d'Origina Cuntrullata si pudarà pò dassi luttà contr'à 'ssi porci clandistini chì servini à fà prudutti SDF (Sciarcutaria Di Fora) di pocu gustu è pocu rispittuosa di a tradizioni isulana...

Sempri in u duminiu di l'identità, si hè vistu dinò sta sittimana a ricunniscenza ufficiali di a razza di u cavaddu corsu. Ma quì, ùn si parla di manghjuscula, ancu s'iddu ci pò essa una piccula parintia incù un'antra AOC, l'Asinu d'Origina Cuntrullata. Ma di quistu u salamu ùn lu manghjani chè i turisti in circa d'un pocu d'esutismu.

È la nave stà...

Sta sciarcutaria d'origina cuntrullata sarà vinduta di sicuru in Corsica, ma dinò in cuntinenti è in i paesi frusteri. U sicritariu di statu à u cummerciu esteru pudia pò dassi dà un colpu di mani ma quistu quì hà annulatu sta sittimana a so visita ind'è no. Hè vera chì di vena à parlà quì d'espurtazioni allora chì i sindicati di a SNCM attaccani una nuvella greva - una di più - pudia guasgi passà pà una pruvucazioni. S'iddu si voli una vera cuntinuità tarrituriali, s'aspittarà dunqua più vulinteri a visita di u prossimu ministru di i trasporti, par pudè imaginà una cumpagnia... d'origina cuntrullata.

U ricordu di Furiani

L'identità pò dinò truvà a so sprissioni in u sportu. È quista sittimana a squatra di Bastia chì si vinci u campiunatu di liga 2, à tempu à u so ritornu in prima divisioni, ùn pudia renda più bellu umaghju à i vittimi di Furiani. Un annivirsariu chì ci ramenta à tutti 'ssu tragicu 5 di maghju. Stu ghjornu di bughjura chì hà vistu l'identità, a fiertà d'un populu sciacciati suttu à una tribuna par via di l'incumpitenza è di i malvirsazioni d'uni pochi. Vint'anni di suffrenza par quiddi chì ani persu unu di i soia è par quiddi chì si strascinarani sempri una firita mai arrisanata in a so carri o in a so menti. Allora, chì si pò aspittà oghji, vint'anni dopu ? O mancu unu stadiu degnu di sta mimoria, degnu di sta squatra, incù a fini di i travaddi chì tutti sperani di veda… nanzi à u prossimu annivirsariu.

Eiu, s'e' fussi prisidenti…

In stu 6 di maghju, a Francia sana sana si devi truvà un prisidenti. I dui capimachja chì fermani in finali ani circatu dapoi 15 ghjorni di fassi vena in manu quiddi chì ùn ani vutatu par iddi à u primu tornu. Subratuttu l'AOC - Alittori d'Origina Cuntrullata - chì rinvindichighjani una certa identità naziunali. Quiddi chì andarani à vutà piddarani pò dassi in contu u fattu chì oghji hè santa Prudenzia. Par maghju o par maghjonu, ùn caccià u to pilonu, dici u pruverbiu. Sicondu à a so sensibilità propria, unghjunu pudarà rifletta, nanzi di vutà, à l'evvenimenti chì ani marcatu u 6 di maghju in a storia. Si pò cusì ammintà à John Steinbeck chì hà ricivutu u premiu Pulitzer in u 1940 pà « Les raisins de la colère ». O allora a reddizioni di u capimachja di l'indiani Crazy Horse davanti à l'armata amiricana in u 1877. Ci hè dinò Staline chì hà presu u capu di u guvernu suvieticu in u 41. Infini, in u calendariu ripublicanu, dopu à a rivuluzioni francesa, u 6 di maghju era u ghjornu di Pimprenelle. Allora, Pimprenelle o Niculau ? À vo di scedda !

À dilla franca 4

(5 mai 2012)

Une identité d'origine contrôlée

Après le vin, le miel, la farine de châtaignes, l'huile d'olive ou le *brocciu*, voilà que la charcuterie corse obtient elle aussi sa carte d'identité. Une AOC fêtée comme il se doit par les producteurs locaux qui voient de ce fait une reconnaissance de leur travail et de leur savoir faire. Une certification qui représente aussi une valeur économique pour pouvoir différencier les *prisutti*, *lonzi* et *coppi* de qualité face à d'autres dont l'origine n'est pas toujours connue. Avec cette Appellation d'Origine Contrôlée on pourra peut-être lutter contre ces porcs clandestins dont on se sert pour faire des produits SDF (*Sciarcutaria di Fora*[3]) de moindre goût et peu respectueux de la tradition insulaire…

Toujours dans le domaine de l'identité, on a assisté aussi cette semaine à la reconnaissance officielle de la race du cheval corse. Mais là, on ne parle pas de bouffe, même si une petite parenté peut exister avec une autre AOC, celle de l'Âne d'Origine Contrôlée. Mais ne mangent de ce saucisson-là que quelques touristes en mal d'exotisme.

È la nave stà…

Cette charcuterie d'origine contrôlée sera bien sûr vendue en Corse, mais également sur le continent ou dans les pays étrangers. Le secrétaire d'État au commerce extérieur pouvait sans doute y aider, mais celui-ci a annulé cette semaine la visite qu'il devait nous faire. Il est vrai que venir parler ici d'exportation, alors que les syndicats de la SNCM entament une nouvelle grève – une de plus – pouvait presque passer pour une provocation. Tant qu'à attendre une véritable continuité territoriale, on attendra donc plus volontiers la visite du prochain ministre des transports, pour enfin pouvoir imaginer une compagnie… d'origine contrôlée.

[3] NDT : Charcuterie de l'Étranger.

Le souvenir de Furiani

L'identité peut aussi trouver son expression dans le sport. Et cette semaine, l'équipe de Bastia qui vient de remporter le championnat de Ligue 2, en même temps que son accession à la première division, ne pouvait rendre de plus bel hommage aux victimes de Furiani. Un anniversaire qui nous rappelle à tous un 5 mai tragique. Ce jour funeste qui a vu l'identité et la fierté d'un peuple broyées sous une tribune suite à l'incompétence et les malversations de quelques uns. Vingt années de souffrances pour ceux qui ont perdu un des leurs, et pour ceux qui traîneront à jamais une blessure inguérissable au fond de leur chair et de leur âme. Alors qu'attendre aujourd'hui, vingt ans après ? Au moins un stade digne de cette mémoire, digne de cette équipe, avec la fin des travaux à laquelle tout le monde espère assister… avant le prochain anniversaire.

Moi, si je suis président

En ce 6 mai, la France entière doit désigner son président. Les deux leaders qui restent pour la finale ont essayé depuis 15 jours de gagner à leur cause ceux qui n'ont pas voté pour eux au premier tour. Et surtout les AOC – Abstentionnistes d'Origine Contrôlée – qui se revendiquent d'une certaine identité nationale. Ceux qui iront voter prendront peut-être en compte le fait qu'aujourd'hui c'est la Sainte Prudence. *Que mai soit court ou long, n'enlève pas ton manteau*, dit un proverbe. Et selon sa sensibilité propre, chacun pourra réfléchir, avant de voter, aux événements qui ont marqué les 6 mai tout au long de l'Histoire. On peut ainsi rappeler que John Steinbeck y a reçu un prix Pulitzer en 1940, pour « Les raisins de la Colère ». Ou alors la reddition du chef indien Crazy Horse devant l'armée américaine, en 1877. Il y a encore Staline, qui prit la tête du gouvernement soviétique en 1941. Enfin, dans le calendrier républicain, après la Révolution française, le 6 mai fut proclamé jour de Pimprenelle. Alors, Pimprenelle ou Nicolas ? A vous de choisir !

Traduction Marc Biancarelli

À dilla franca 5

(12 maghju 2012)

Ancu « u nosciu » u Fronti si faci senta

Eccu ! L'affari hè in u saccu... Dapoi una sittimana a Francia si hà sceltu un novu prisidenti. In stu 6 di maghju, ghjornu di festa di « Pimprenelle » in u calendariu ripublicanu, Niculau hè statu rimandatu in casa soia. Una bella ritirata anticipata par quiddu chì hà travaddatu di più par vincia di più. Ed hè dunqua Francescu Hollande chì s'appronta à stallassi à l'Eliseu. A maior parti di i rigioni hà sceltu a rosula, for di a Corsica chì hè sempri à contrapuntu di l'opinioni naziunali. Ma l'isula hè bedda capaci di mettasi in u sensu generali à l'ora di a diputazioni. Tandu a manca pudaria piddà a so rivincita è mandà cusì un segnu nurmali à u novu prisidenti « nurmali ». Ma segni, ci ni sò d'altri chì ni volini mandà in Parigi. À principià pà i naziunalisti chì volini fà senta a so voci in a campagna. I « muderati » poni ancu spirà di fà entra un diputatu à u Palazzu Burbonu, l'indipendentisti volini purtà un certu discorsu è i clandistini, iddi, ani sceltu di fassi senta di manera splusiva.

Focu d'artifiziu

Ci voli à dì chì di a Corsica si n'hè parlatu pocu in sta campagna di i prisidenziali. Ma hè vera dinò chì ùn semu micca u centru di u mondu. Di a Brittagna, di u Paesu Bascu o di l'isuli luntani ùn si n'hè tantu parlatu nemmancu. S'hè intesu u Fronti Naziunali, u Fronti di Manca è dunqua « u nosciu » u Fronti si vulia fà senta anch'iddu. Par quista hà sceltu anch'iddu u so colori : u blù. Micca u blù marina o u blù di u mari di a Francia Forti, ma u blù di a notti. Una notti splusiva par metta u so parè à ghjornu. Allora chì pò essa u sensu di stu focu d'artifiziu ? Una manera di salutà un prisidenti chì si ni và, fenduli capiscia chì quì ùn hà arrigulatu nudda ? O allora una manera di fistighjà l'alizzioni di u novu prisidenti fenduli sapè chì quì dinò ci era un Fronti da piddà in contu. Tutti i buffittona, sta volta, sò stati missi contru à casi sicundarii è sta scelta hè bella pricisa : a lutta contru à a spiculazioni, a maistria di a tarra è u statutu di citadinu corsu fermani à u centru di i rivindicazioni. Ma comu à piddarani quista intarvinzioni in a campagna i naziunalisti « muderati » ? In Francia hè u candidatu ch'unghjunu dicia modu chì hà vintu contru à quiddu di a Francia Forti. Vidaremu prestu com'idda si passa quì… 243 anni dopu à Ponte Novu !

À dilla franca 5

(12 mai 2012)

Même « notre » front se fait entendre

Voilà, l'affaire est dans le sac… Depuis une semaine la France s'est choisie un nouveau président. Le 6 mai, jour célébrant Pimprenelle dans le calendrier républicain, Nicolas a été renvoyé à ses pénates. Une belle retraite anticipée pour celui qui a travaillé plus pour gagner plus. C'est donc François Hollande qui s'apprête à s'installer à l'Elysée. La plus grande partie des régions a choisi la rose, mise à part la Corse, prenant toujours le contrepied de l'opinion nationale. L'île serait pourtant bien capable de se mettre dans le sens de la marche au moment des élections législatives. La gauche pourrait ainsi prendre sa revanche et envoyer un signal normal au nouveau président « normal ». Ceci dit, il y en a d'autres qui veulent envoyer des signes vers Paris. En commençant par les nationalistes qui veulent faire entendre leur voix dans la campagne. Les « modérés » peuvent même espérer faire entrer un député au Palais Bourbon, les indépendantistes veulent mettre en avant leur discours et les clandestins, eux, ont décidé de se faire entendre par les explosifs.

Feu d'artifice

Il a été peu question de la Corse dans cette campagne électorale, il faut le dire. Reconnaissons quand même que nous ne sommes pas le centre du monde. Il n'a pas non plus été énormément question de la Bretagne, du Pays Basque ou des îles lointaines. On a entendu le Front National, le Front de Gauche et donc « notre » front a voulu aussi prendre la parole. Lui aussi a choisi ses couleurs : le bleu. Pas le bleu marine ni le bleu azur de la France Forte mais le bleu nuit. Une nuit explosive pour faire entendre son avis. Alors ? Quelle peut être la signification de ce feu d'artifice ? Une manière de rendre hommage à un président qui s'en va, lui faisant entendre qu'il n'a réglé aucun problème en Corse ? Ou une manière de fêter l'élection du nouveau président en lui faisant comprendre que, là aussi, il y avait un front dont il fallait tenir compte ? Cette fois-ci, tous les plastiquages ont touché des résidences secondaires, la cible est précisée. Lutter contre la spéculation, maîtriser le foncier et instaurer la citoyenneté corse sont les revendications principales. Mais comment les nationalistes « modérés » vont-ils donc présenter ces actions dans leur discours de campagne ? En France, c'est le candidat que l'on disait « mou » qui a gagné contre celui de la France Forte. Nous verrons très vite comment cela se passera ici… 243 ans après Ponte Novu !

Traduction
Jean-François Rosecchi

À dilla franca 6

(19 maghju 2012)

Quandi a pulitica faci u so fistivali

Unu di i spittaculi i più suvitati di a sittimana hè statu di siguru u cambiamentu di prisidenti à u capu di a Francia. U locu - l'Eliseu - era degnu di i più grandi filmi - è a missa in scena bedda arrigulata. L'attori principali, iddi dinò, tiniani u so rangu. C'era quiddu chì si n'andaia, quiddu chì hè statu à l'affissu dapoi 5 anni, comicu o tragicu sicondu i mumenta, è quiddu chì ripidda u rolu, quiddu chì si hà vintu u premiu di u publicu par i 5 anni à vena. Unu cuddaia i scali, l'altru i falaia. Dopu à una strinta di manu, u primu hè andatu à sfucassi fendu u so « jogging » in furesta, u sicondu si hè missu à u travaddu pà finalizà a distribuzioni di l'opara chì li ferma à custruì. Un' opara chì sarà ghjudicata, anch'idda, frà uni pochi d'anni, da una ghjuria pupulari. Ma, intantu, hà cumminciatu à fanni a prumuzioni à u stragneri, prima in Alimagna è dopu à i Stati Uniti.

Custumi è critichi

Sicondu attu, u lindumani, incù l'intrata in scena di u prima ministru è di tutti quiddi chì sarani incaricati di metta in pratica a partizioni di u prisidenti. Quì dinò u « casting » hè statu bellu calculatu. Ci vulia un custumu par tutti : parità trà omini è donni, raprisintenti di a diversità è equilibriu trà tutti i sensibilità pulitichi di i vincidori. È po' una prima misura : a calata di i paghi par tutti. Ùn si pò micca dumandà à i Francesi di stringhjasi a cinta senza cumminciià à dà l'asempiu. Dimagugia, subitu ani dittu certi. A musica ùn hè tantu uriginali, ma hè vera chì era dinò a sittimana di a critica... È di i custumi ! Ùn si pò piacia à tutti...

I scalinati di u palazzu

Tutti l'eroi, è i suldati, di a battaglia di i prisidinziali ùn avarani tantu tempu par rifiattà à pena. I vincidori com'è quiddi ch'ani persu si devini ingaghjà subitu subitu in un antra battaglia, quidda di a diputazioni. Cunferma o rivincita ? Quì dinò, hè a ghjuria pupulari chì devi ghjudicà u travaddu di l'attori è u prugramma ch'iddi portani. Una siconda scianza, com'è à u lottò. È quì, in Corsica, sò uni pochi à vulessi vincia un bigliettu par Parigi è una sedia à u Palazzu di i Burboni. Incù i naziunalisti chì entrini in scena, sta volta, a lutta trà a dritta è a manca pidda un' antra diminsioni. L'intaressu di u publicu veni cusì rilanciatu, è tandu sì ch'iddu si pò spirà empia i sali. È po' ci sò ancu quiddi incù mascari è custumi chì volini ghjucà un rolu. Par avali hè quiddu di Zorrò ch'iddi ripettini dapoi uni pochi di ghjorni... O di notti !

À dilla franca 6

(19 mai 2012)

Quand la politique fait son festival.

Un des spectacles les plus courus cette semaine a été très certainement le changement de président à la tête de la France. Un lieu – l'Elysée – fut digne des plus grands films, avec une mise en scène bien réglée. Les acteurs principaux, eux aussi, tenaient leur rang. Il y avait celui qui partait, celui qui avait été à l'affiche pendant 5 ans, rôle comique ou tragique selon les circonstances, puis celui qui répétait le rôle, celui qui a remporté le prix du public pour les 5 ans à venir. L'un gravissait les escaliers, l'autre les descendait. Après une poignée de main, l'un est allé se défouler en allant faire son jogging en forêt, l'autre s'est mis au travail pour finaliser la distribution de l'œuvre qui lui reste à construire. Œuvre qui sera jugée, comme la précédente et dans quelques années, par un jury populaire. Il a aussi commencé sa promotion à l'étranger, en Allemagne d'abord, aux États-Unis ensuite.

Costumes et critiques

Deuxième acte, le lendemain, avec l'entrée en scène du premier ministre et de tous ceux qui seront chargés de mettre en œuvre la partition du président. Là encore, le « casting » a été bien pensé. Il fallait un costume pour chacun : une parité homme-femme, des représentants de la diversité et un équilibre entre toutes les sensibilités politiques des vainqueurs. Et puis, comme première mesure, une baisse des traitements pour tous. On ne peut pas demander aux Français de se serrer la ceinture sans donner soi-même l'exemple. « Démagogie », ont dit immédiatement certains. La musique n'est pas très originale. C'était la semaine de la critique aussi… Et celle des costumes ! On ne peut pas séduire tout le monde.

Les petits escaliers du Palais

Héros et soldats de la bataille présidentielle n'auront pas beaucoup de temps pour reprendre leur souffle. Les vainqueurs, comme les vaincus, doivent immédiatement s'engager dans une autre bataille, celle de la députation. Confirmation ou revanche ? Là encore, un jury populaire jugera le travail des acteurs et le programme qu'ils défendent. Une seconde chance, comme au Loto. Et ici, en Corse, quelques uns voudraient bien gagner un billet pour Paris et un fauteuil au Palais Bourbon. Les nationalistes eux aussi entrent en scène, pour cette fois. La lutte gauche-droite prend une autre dimension. L'intérêt du public est regagné et, avec tout cela, on peut vraiment espérer remplir les salles. Et il y a aussi ceux qui, avec masques et costumes, voudraient un petit rôle. Pour l'instant, ils répètent celui de Zorro depuis quelques jours... enfin, depuis quelques nuits plutôt...

Traduction
Jean-François Rosecchi

À dilla franca 7

(26 maghju 2012)

Un bellu fruttu di staghjoni à gustu amaru

Dapoi i tempi i più antichi, nurmalamenti, in u nosciu paesu, ci sò quattru staghjoni. Ancu Vivaldi n'hà cumpostu quattru ! In a sucità corsa tradiziunali c'era una staghjoni par ugni faccenda, una staghjoni par ugni fruttu. Si campaia à u ritimu di a natura. Ma oghji chì hè oghji, i cosi sò belli cambiati. Oghji, staghjoni, pari ch'iddu ùn ci ni sighi più chè una. Ùn hà mancu più nomu, si parla di « A Staghjoni ». S'agisci bella sicura di l'istati, ùn istati chì tutti volini allungà u più pussibuli. Prufiziunali, traspurtadori è omini pulitichi sò tutti d'accunsentu par circà di fà durà 'ssa staghjoni più di trè mesi. Par circà di sfruttalla à u massimu, da aprili à uttrovi, saria una bona. Ci voli à dì chì 'ssa staghjoni dà un fruttu gustosù : u turismu. Hè duvintatu guasgi u solu fruttu cultivatu oghji ind'è no. Si parla ancu d'un'industria turistica. Tutti l'anni s'aspetta dunqua a raccolta incù angoscia. S'aspetta di sapè s'è stu fruttu sarà à bastanza maturu, à bastanza suchjosu è gustosu… È subratuttu s'è unghjunu n'avarà a so parti. 'Ssu turismu, è tuttu ciò chì và impressu com'è a custruzzioni è u cummerciu di distribuzioni, faci chì, quist'annu, a Corsica duvaria essa in testa di i rigioni francesi par via di a crescita ecunomica. Ma, à quali prufittarà sta crescita ? Un ghjornu o l'altru ci vularà bè à parlà di spartera. Di spartera ghjusta ! Nanzi chì i più ingurdi si sturzini incù i graneddi. Parchì oghji, di 'ssu bellu fruttu, sò uni pochi chì si ni manghjani a pulpa, d'altri chì si ni godani u suchju, d'altri dinò chì si ni tichjani in insalata, ma, pà a maior parti, ùn li ferma chè a mundatura. Ci sò ancu ch'ùn ghjunghjini micca à rustucciassi un nucciolu. Quisti quì, u fruttu di u so travaddu ùn li basta à campà. È d'inguernu - l'altra staghjoni - i nosci paisani sò di più in più numarosi à circassi un alloghju o à andà à pichjà à a porta di i « restò ». Micca quiddi di a staghjoni chì tandu sò chjusi, ma quiddi di u cori…

À dilla franca 7

(26 mai 2012)

Un joli fruit de saison au goût amer

Depuis les temps les plus reculés, en tout cas sous nos latitudes, les saisons sont normalement au nombre de quatre. Vivaldi lui-même en avait compté quatre dans sa composition. Dans la société corse traditionnelle, à chaque saison correspondait une activité, à chacune correspondait aussi un fruit. On vivait au rythme de la nature. Aujourd'hui tout cela a bien changé. Il semblerait qu'il n'y ait, de nos jours, plus qu'une seule saison. Elle n'a même pas de nom. On parle de « La Saison ». Il s'agit bien sûr de l'été, un été que tous voudraient interminable : les professionnels, les transporteurs et les hommes politiques sont tous convaincus qu'il faudrait faire durer cette saison plus de trois mois, pour tenter d'en tirer davantage de profit. D'avril à Octobre, voilà qui serait formidable.

Il faut préciser que cette saison fait naître un fruit succulent : le tourisme. Il est quasiment devenu le seul fruit cultivé chez nous. On évoque aussi l'idée d'une industrie touristique. Tous les ans, nous attendons la récolte dans l'angoisse. Pressés de savoir si le fruit sera suffisamment mûr, suffisamment goûtu et fondant, mais surtout pressés de savoir si chacun pourra en recevoir un morceau. Ce tourisme, et toute l'activité conséquente comme celle de la construction ou la grande distribution, fait que, cette année, la Corse devrait arriver en tête des régions françaises grâce à une formidable croissance économique.

Mais, cette croissance, à qui peut-elle bien profiter ? Un jour ou l'autre il va bien falloir discuter de répartition. De juste répartition des profits ! Avant que les plus gourmands ne s'étouffent avec les pépins. Car aujourd'hui certains se délectent avec la pulpe de ce joli fruit, d'autres étanchent leur soif avec son jus, d'autres encore s'en gavent en salades, mais, pour la plus grande partie des gens, il ne reste que les épluchures. Il y a des populations qui ne parviennent même pas à en racler les noyaux : tous ceux dont le travail ne permet pas d'assurer un niveau de vie décent. Et durant l'hiver, l'autre saison, nos autochtones s'en vont de plus en plus nombreux à la recherche d'un logement et tapent à la porte des « restos », pas ceux de La Saison – ils sont tous fermés -, non, ceux du cœur.

Traduction
Jean-François Rosecchi

À dilla franca 8

(16 ghjunghju 2012)

U mari m'a tuer!

È torna à Vignale!... Una greva in i trasporti aeri sabbatu passatu è un'altra in u marittimu vennari chì s'aghjustani à setti ghjorni d'arrestu di i batelli di maghju è un mesi è mezu in u 2011. Una volta di più, a Corsica si ritrova ustaghja d'una raghjoni chì ùn hè forza micca a soia. « A raghjoni hè a toia, ma a capra hè a meia », dici u pruverbiu… I passaghjeri, i traspurtatori, l'omini pulitichi è i prufiziunali di u turismu poni sempri abbaghjà, a caravana ùn passa! Sò l'anni è l'anni chì stu prublema faci l'attualità in prima pagina di i ghjurnali. Al dilà di a greva, basta l'annunciu di a greva, ancu s'idda ùn si faci micca, par metta à sdò tutti i sforzi fatti da l'imprisarii, tutti i campagni di prumuzioni turistichi lanciati fora di locu incù i soldi publichi. Soldi lampati à mari… Un mari cusì chjusu chì pudaria tumbà un' icunumia chì ùn hè tantu in saluta.

Chjuditura

Allora comu fà? Chì a Corsica devi ammaistrà i so trasporti, ch'iddi sighini aeri o marittimi, hè un avvisu chì pari spartutu da guasgi tutti. Ùn ni và listessi pà i suluzioni. À chì voli una cumpagnia rigiunali, à chì voli apra u marcatu à a cuncurrenza, à chì voli un sirviziu minimu in casu di greva. Ma tutti fighjolani versu u Nordu, versu Marseglia, Nizza o Parigi, veni à dì versu a Francia. Ma chì a Corsica si trova à mezu à u Miditarraniu a saparani? Chì, in a so storia, a Corsica hà sempri avutu rilazioni incù i so altri vicini - l'Italia, a Sardegna, a Spagna, a Grecia è l'Africa di u Nordu - a saparani? Allora comu sarà chì ùn ci sighi mancu una linea aera rigulari incù sti paesi. Comu sarà chì par andà in Milanu, Roma, Cagliari, Madrida o Barcilona ci volga à passà pà l'aeroporti francesi.

Comu sarà chì i « low cost » funziunani dapartuttu, fora ch'è in Corsica ? Ed hè listessi pà u marittimu, fora di qualchì battellu trà Bastia è Livornu, o trà Bonifaziu è Santa Teresa. È dunqua, senza sti linei marittimi, sò dinò i marcanzii chì ùn circulighjani micca. Ci taddemu cusì di certi marcati, di certi materii primi, di certi sirvizii. Comu sarà, par esempiu, chì no femu vena tuttu u nosciu pitroliu da a Francia, allora chì no l'avemu cusì vicinu in Sardegna ? À u me avvisu, i munupolii chì si sò stabiliti devini cunvena à uni pochi. In u turismu, u fattu di dipenda à 80 % da a clientella francesa hè un priculu maiori pà un' icunumia chì dipendi à 80 % di st'attività quì. È dopu ci parlani tutti d'Auropa.
In fatti, a Corsica duvaria custruì u so avvena ripiazzendusi in u so ambienti mediterraneu. U mari devi essa campatu com'è una leia trà i paesi è i populi è micca com'è una fruntiera. Chì tandu, i fruntieri fermani dinò in i spiriti è in i culturi. È a noscia ghjuventù, senza perda u Nordu, hà bisognu d'un orizonti monda più largu.

À dilla franca 8

(16 juin 2012)

La mer m'a tuer!

Et rebelote! … Une grève des transports aériens samedi dernier et une autre dans le domaine maritime vendredi, qui s'ajoutent à sept jours d'arrêts des bateaux en mai et un mois et demi de grèves en 2011. Une nouvelle fois la Corse se retrouve prise en otage d'une raison qui n'est pas forcément la sienne. « *La raison t'appartient, mais la chèvre est à moi* », dit le proverbe corse… Les passagers, les transporteurs, les hommes politiques et les professionnels du tourisme peuvent toujours aboyer, la caravane, elle, ne passe pas! Cela fait des années que ce problème défraie l'actualité et fait la première page des journaux. Au-delà de la grève, l'annonce-même de la grève suffit pour anéantir les efforts des entrepreneurs, et toutes les campagnes de promotion touristique impulsées à l'extérieur avec l'argent public. Des sous que l'on jette à la mer… Une mer tellement fermée qu'elle risquerait de tuer une économie qui ne va déjà pas si bien que ça.

Fermeture

Alors que faire? Que la Corse doive maîtriser ses transports, aériens tant bien que maritimes, c'est un avis qui semble partagé par la quasi majorité. Mais l'unanimité n'en va pas de même pour les solutions. Qui veut une compagnie régionale, qui désire ouvrir le marché à la concurrence, et il y a ceux qui demandent également un service minimum en cas de grève. Et tout le monde pointe son regard vers le Nord, vers Marseille, Nice ou Paris, c'est-à-dire vers la France. Mais que la Corse se trouve au cœur de la Méditerranée en ont-ils conscience? Que, dans son histoire, la Corse a toujours nourri des relations avec ses autres voisins – l'Italie, la Sardaigne, l'Espagne, la Grèce et l'Afrique du Nord – au moins le savent-ils?

Alors comment se fait-il qu'il n'existe aucune ligne aérienne régulière avec ces différents pays ? Comment se fait-il que pour aller à Milan, Rome, Cagliari, Madrid ou Barcelone il faille passer par les aéroports français ? Comment se fait-il que les « low cost » puissent fonctionner partout sauf en Corse ? Et il en va de même concernant les transports maritimes, en dehors de quelques bateaux entre Bastia et Livourne, ou entre Bonifacio et Santa Teresa. Et donc, en l'absence de ces lignes maritimes, ce sont également les marchandises qui ne circulent pas. Et nous nous coupons ainsi de certains marchés, de matières premières, et de divers services. Comment se fait-il, par exemple, que nous fassions venir tout le pétrole que nous consommons par la France, alors qu'il s'en trouve à portée de main en Sardaigne ? À mon avis, les monopoles qui se sont établis doivent bien convenir à certains. Dans le tourisme, le fait également de dépendre à 80 % de la clientèle française est un danger réel pour une économie qui dépend à 80 % de cette activité. Et après tout le monde nous parle de l'Europe…

En vérité, la Corse devrait reconstruire son avenir en se resituant dans son environnement méditerranéen. La mer doit être vécue comme une passerelle entre les pays et les peuples et non comme une frontière. Car sinon, les frontières resteront aussi dans les esprits et les cultures. Et notre jeunesse, sans perdre le Nord, a besoin d'un horizon bien plus élargi.

Traduction Marc Biancarelli

À dilla franca 9

(9 ghjunghju 2012)

A crisa ? Ma chì crisa ?

« I conti duvariani essa in equilibriu, i finanzi publichi duvariani essa sani, i debbiti publichi duvariani essa ridotti, u rottu di l'amministrazioni duvaria essa cuntrullatu è l'aiutu à i paesi frusteri duvaria essa sminuitu. Tuttu quissu par impidì à u paesu d'andà à l'arruvinu. L'aienti devini amparà à travaddà di più, inveci di campà da l'aiutu publicu ». U discorsu ùn hè micca quiddu di l'anzianu prisidenti di Francia, nemmancu di u nuvellu. Ùn hè mançu quiddu di u capiguvernu di a Grecia, di l'Alimagna o di a Spagna. In fatti, sti parolli sò stati prununciati da Cicerone, in Roma, in u 55 prima di Ghjesù Cristu. Veni à dì chì a crisa dura dapoi 2067 anni. Di fattu, da quandu no semu nati, ni sintimu parlà di sta crisa. È ch'idda sighi in a Roma di tandu, o oghji in i paesi di l'Auropa, pà sorta di a crisa si dumanda sempri à u populu di fà i sforzi tramendi. Ma ùn si ni sorti mai di sta crisa ! Perdita d'impieghi, crescita di i prezzi, paghi bluccati, ritirati mischini, prublema d'alloghju, chjuditura di i servizii publichi, funziunarii chì ùn sò micca rimpiazziati. In fatti, a crisa hè sempri pà i stessi : i povari o l'aghjenti di i classi medii. In u stessu tempu, i grossi sucità ùn pagani micca impositi, i banchi facini i binifizii, a bursa ùn faci chè crescia è i gran patroni si toccani paghi o primi sprupusitati.

Pani è ghochi

È in Corsica, mi diciareti, ci sarà a crisa ? Basta in fatti à leghja i libri di storia, o simpliciamenti l'attualità di a sittimana par veda chì i prublema sò sempri i stessi, dapoi l'anni è l'anni. Ùn mancani pò micca i crisi ind'è no : crisa di i trasporti, incù i grevi chì s'aghjustani una à l'altra. Crisa di l'identità incù muvimenti clandistini chì ùn so pronti à renda l'armi ; si hè vistu ancu chì ci hè a rileva

incù, sta sittimana, u prucessu di u FLNC « canali bardoni ». Crisa di l'alloghju, incù una crescita di i prezzi unica in Francia. Crisa di l'impiegu, incù una crescita di quiddi chì si ritrovani senza travaddu. Crisa di sucità, incù u sintimu, cunfirmatu da un sundaghju, chì a maffia pidda di più in più u puteri ind'è no. Firmemuci quì chì a lista pudaria essa bella longa. Da chì avenni una crisa di fegatu…
Ma lachemula d'accantu sta crisa, chì avali ghjunghji a staghjoni, da chì vinciasi uni pochi di solda è subratuttu ci hè u campiunatu d'Auropa di ballò chì principia. Aspittendu di ritruvà, da quì à pocu, i nosci dui squatri in a Liga 1 francesa. Pani è ghjochi… si dicia in Roma ! A crisa si n'accupani i pulitichi.

À dilla franca 9

(9 juin 2012)

Une crise ? Mais quelle crise ?

« Les comptes devront se trouver en équilibre, les finances publiques devront être saines, les dettes publiques réduites, le coût de fonctionnement de l'administration devra être contrôlé et l'aide aux pays étrangers diminuée. Tout cela pour éviter que ce pays aille vers sa ruine. Les gens devront apprendre à travailler davantage plutôt que de vivre des aides publiques. » Ce discours n'est pas celui de l'ancien président français ni du président actuel. Ce n'est même pas celui du chef de gouvernement grec, allemand ou espagnol. Non. Ces paroles ont été prononcées par Cicéron, à Rome, en l'an 55 avant Jésus Christ. Cela nous fait dire que cette crise dure depuis 2067 ans. En fait, depuis que nous sommes nés, nous entendons parler de cette crise. Et que ce soit à Rome dans l'Antiquité ou, de nos jours, dans les pays d'Europe, la solution pour sortir de cette crise est toujours la même : demander au peuple de faire d'immenses efforts. On n'en sort plus de cette crise ! Pertes d'emplois, augmentation des prix, salaires gelés, retraites misérables, problèmes de logement, fermeture des services publics, fonctionnaires non remplacés. En somme, la crise c'est toujours pour les mêmes : les pauvres et les classes moyennes. Dans le même temps, les grandes sociétés ne payent pas d'impôts, les banques font des bénéfices, la bourse n'en finit pas de grimper et les grands patrons encaissent salaires et primes démentielles.

Du pain et des jeux

Et en Corse, me diriez-vous, qu'en est-il de cette crise ? Il suffira de lire les livres d'histoire ou simplement l'actualité de la semaine pour constater que les problèmes sont toujours les mêmes, depuis des années et des années.

Les crises ne manquent pas chez nous : celle des transports, avec les grèves qui se succèdent, crise de l'identité avec les mouvements clandestins qui ne sont pas prêts à déposer les armes (on a même vu que la relève est assurée avec le procès, cette semaine, du FLNC canal « gamins »). La crise du logement aussi, avec une hausse des prix de l'immobilier inédite en France. Crise du chômage, avec une augmentation de gens se trouvant sans emploi. Crise de société, traduite par ce sentiment, confirmé par les sondages, que la mafia accroit son pouvoir en Corse. Arrêtons cette énumération car la liste pourrait être sacrément longue. De quoi nous donner une crise de foie. Mais oublions cette crise, pensons à la saison qui commence, qui nous permettra de gagner un peu d'argent frais et, surtout, pensons au championnat d'Europe de Football qui commence. Attendons aussi de retrouver, d'ici peu, nos deux équipes au sein de la Ligue 1 française. Du pain et des jeux disait-on à Rome. La crise ? Les politiques n'ont qu'à s'en charger.

Traduction
Jean-François Rosecchi

À dilla franca 10

(4 austu 2012)

Un' istatina di spiranza

Vistu chì a m'aghju scuttita uni pochi di sittimani, parmittitimi, oghji, di rivena à nantu à l'attualità di stu principiu d'istatina. Da a San Ghjuvanni à Luddareddu, incù un bellu anticipiu di i caldamona di San Larenzu, a Corsica hà campatu una volta di più à l'ora di i stragi è di i disgrazii. Incù quiddi chì trovani a morti sutt'à i baddi è d'altri chì a si scontrani in i stradi. È ancu sì sti disgrazii duventani guasgi ughjinchi, ùn ci voli mai à sminticassi chì daretu à ugni mortu ci hè un dulori tamantu. Quiddu d'una mamma o d'un babbu à u cori strappatu, quiddu d'una moglia à a vita tagliata, quiddu di fiddoli svrimbati chì si ritrovani urfaneddi. Ma, à mezu à tutti sti danni, circaremu di ritena chì sta Corsica, chì ùn hè micca solu soli è mari, hà dinò u so lottu di riesciti, i so stondi di filicità, un pocu di spiranza.

Cumbattanti d'onori

A riescita, a truvemu ind'è l'icunumia incù ghjenti chì si battini com'è lioni, da un capu d'annu à l'altru par custruì è fà campà i so picculi impresi, chì circani di prumova u so locu è di dà travaddu à i so paisani, in un cuntestu ch'ùn hè mai faciuli. Quisti sì chì sò cumbattanti d'onori! Riescita dinò in u duminiu di u sport incù i nosci squatri di ballò chì s'approntani à dà a sfida à i più grandi cità francesi, à u più altu niveddu di i campiunati naziunali. È po' ci hè sta magnifica fiara olimpica, incesa in Londra da a ghjovana Priscilia. Una midadda i brunzu chì vali u so oru par tutta a simbolica ch'idda raprisenta. Una midadda chì metti à l'onori i valori spurtivi, quiddi di a saluta, di u travaddu, di u sacrifiziu par ghjunghjani à u più altu niveddu mundiali. A simbolica dinò di una Corsica capaci d'accodda quiddi chì venini da fora è di sparta incù iddi a forza di una tarra. Incù l'oru in ritornu.

Oru in manu

Allora, spiranza sì ! Spiranza dinò quandi un'antra donna si mireta anch'idda a so midadda. Una donna pulitica chì riesci à custruì un pianu d'accunciamentu è di sviluppu à longu andà (Padduc) chì trova l'accunsentu di guasgi tutti l'eletti di l'assamblea di Corsica, al dilà di i partiti è di l'idiulugii. A sciaccamanera di tutti valia u so oru chì quista a cumpitizioni ùn era vadanta à l'avanzu. Puliticamenti si diciaria chì, par di bonu, si passa qualcosa oghji in Corsica, senza aspittà ciò chì pò vena - o ùn vena mai - da Parigi. A mani tesa di i naziunalisti in Corti pò andà in u stessu sensu. U pianu hè lanciatu, tocca avali à l'impresarii - à a sucità intreva - à traccià 'ssi stradi di l'avvena, à pisà i muri di sta casa noscia, di sta Corsica chì vinci à prò di a so ghjuventù. « Femu quì » è subitu ! Chì oramai ùn ci hè più tempu à perda. È chì sà si daveru, un bel ghjornu, u mondu ùn firmarà micca stunatu da stu picculu isulottu.

A dilla franca 10

(4 août 2012)

Un été d'espérance

Vu que j'y ai échappé pendant quelques semaines, permettez-moi, aujourd'hui, de revenir à l'actualité de ce début d'été. De la Saint-Jean au 31 juillet, avec une belle avance sur la canicule de la Saint-Laurent, la Corse a vécu une fois de plus à l'heure des tragédies et du malheur. Avec ceux qui trouvent la mort sous les balles et ceux qui la rencontrent sur les routes. Et même si ces catastrophes deviennent presque quotidiennes, il ne faudrait pas oublier que derrière chaque mort, se cache une douleur immense. Celle d'une mère ou d'un père au cœur brisé, d'une femme à la vie ruinée, d'enfants détruits devenus orphelins. Mais, au milieu de tous ces drames, nous retiendrons aussi que cette île, qui n'est pas que soleil et mer turquoise, a son lot de réussites, ses instants de joie et encore un peu d'espérance.

Combattants de l'honneur

La réussite, nous la trouvons dans le domaine de l'économie, avec des personnes qui se battent comme des lions d'un bout de l'année à l'autre, pour créer et faire vivre leurs petites entreprises, qui cherchent à promouvoir leur terre et à donner du travail à leurs concitoyens dans un contexte rarement facile. Ces gens là sont des combattants d'honneur ! La réussite, aussi dans le sport avec nos équipes de football qui s'apprêtent à défier les plus grandes villes françaises au plus haut niveau du championnat national. Et que dire de cette magnifique flamme olympique allumée à Londres par la jeune Priscilia. Une médaille de bronze qui vaut de l'or pour le symbole qu'elle incarne. Une médaille qui met à l'honneur les valeurs du sport, de la santé, de l'effort et des sacrifices nécessaires pour parvenir au plus haut niveau mondial. Le symbole aussi d'une Corse capable d'accueillir ceux qui viennent d'ailleurs et de partager avec eux la force d'une terre. Avec de l'or pour récompense.

De l'or entre les mains

Alors, l'espérance, oui ! L'espérance aussi venant d'une autre femme qui mériterait également une médaille. Une femme politique qui parvient à construire un plan d'aménagement et de développement du territoire à long terme (PADDUC) avec le consentement de la quasi unanimité des élus de l'assemblée de Corse, au-delà des partis et des idéologies. Les applaudissements de tous valaient leur pesant d'or dans une compétition qui n'était pas gagnée d'avance. Politiquement, on pourrait dire que, pour une fois, il se passe quelque chose en Corse aujourd'hui, sans attendre que Paris nous donne son aval ou pas. La main tendue des nationalistes à Corté va dans la même direction. Le projet est lancé, c'est maintenant aux acteurs de la société corse, à tous les Corses, de tracer les chemins de l'avenir, d'élever les murs de notre maison commune, de cette Corse qui l'emporte grâce à sa jeunesse. Faisons-le ici et tout de suite ! Il n'y a plus de temps à perdre. Et qui sait si un beau jour, cette petite île ne finira-t-elle pas par étonner le monde ?

Traduction
Marc-Olivier Ferrari

À dilla franca 11

(18 austu 2012)

À a saluta di i paesi

Pà 'ssi staghjoni di caldamona è di ciambugliu turisticu in bor di mari è in i cità, biati à quiddi chì ani sempri una casa in paesu. In sti paesi di l'internu chì, da i tempi i più antichi, sò sempri stati un locu di rifugiu in casu d'invasioni di i piaghji. Da un seculu à l'altru, d'altri minacci com'è a malaria ma dinò i nicissità liati à un'anziana icunumia pasturali ani tiratu i Corsi à l'insù in i mesi i più caldi di l'annata. Hè dunqua in sti paesi chì a maior parti di a ghjenti d'ind'è no ani i so radichi. Hè quì ch'idda s'hè impastata l'anima vera di a Corsica. Allora, oghji chì hè oghji, ancu s'è sti paesi si fermani diserti tutta l'inguirnata, d'istati hè incù gran piaceri chì i Corsi di i cità o quiddi chì stani in cuntinenti ritrovani i so loca.

A turnata di Corse-Matin

Hè dunqua pà scuntrà sta Corsica quì - chì « ùn hè solu soli è mari », com'iddi l'ani cantata di bella manera i Muvrini - chì, dapoi quattr'anni, u nosciu ghjurnali rimetti a soia ugni statina. Certi sò filici com'è un 51 in acqua, d'altri com'è un paisanu in paesu… In ugni locu ind'è chì no passemu ci hè una storia à cuntà, curiusità da scopra è ghjenti à scuntrà chì t'ani una passioni à sparta. Da u Capicorsu à l'Alta Rocca, da a Balagna à u Fiumorbu, da u Niolu à u Taravu, ugni paesu t'hà a so anima, chì no circhemu di fà capiscia à i nosci littori, ch'iddi sighini di quì o d'altrò.

Ricordi zitiddini

Tutti quiddi chì ani passatu a so zitiddina in paesu si ramentani stu sintimu di libartà di pudè ghjucà in furesta, in i fiumi o in i vadini. I primi truiti piscati, i primi « guerri » incù quiddi di i paesi vicini, i partiti di ballò,

l'ori è l'ori in ghjiru à a funtana, i capanni custruiti da frasconi o piddigni è cuparti di filettu. I primi amori dinò, a sera di a festa patrunali. Ci hè dinò u ricordu di sti sirati sutt'à i stelli, in ghjiru à un focu, incù qualchì chjocu di ghitarra. Più maiori, si priparia l'apartura di a caccia, si ghjucaia à bocci o à carti à l'ora di l'appiritivu. È cusì andaia a vita... È cusì ci và sempri avali par quiddi ch'ùn ani sminticatu u filettu è chì t'ani a furtuna di pudè godasi qualchì sittimana di benistà è di friscura sutt'à i pini o sutt'à l'olmi.
Allora, da quì à a fini di u mesi i paisani ani da ritruvà i so andaghjini in i cità di l'isula o pà 'ssi Franci. Porti è balcona s'ani da chjuda è monda paesi s'addurmintarani una volta di più. Ma, ni so cunvintu, stu disertu di l'internu ùn hè qualcosa chì pò durà à sempri eternu. I paesi sarani, ùn ghjornu o l'altru, l'avvena di a Corsica. Basta à sapè li pruteghja da a nova malaria chì, pocu à pocu, si manghja i nosci piaghji.

À dilla franca 11

(18 août 2012)

A la santé des villages

Durant ces saisons de grandes chaleurs et de chambardements touristiques, heureux sont ceux qui ont conservé une maison au village. Cette Corse de l'intérieur qui, depuis des temps immémoriaux, a toujours été un refuge lors des invasions du littoral. D'un siècle à l'autre, d'autres menaces comme la malaria où les nécessités liées à l'économie agro-pastorale ont toujours conduit les Corses vers la montagne durant les mois les plus chauds de l'année. C'est là que la majeure partie des insulaires a ses racines. Là que s'est forgée l'âme de la Corse. Alors, aujourd'hui étant ce qu'il est, même si ces villages se désertifient tout l'hiver, les Corses des villes ou du continent les retrouvent l'été pour leur plus grand plaisir.

La tournée du Corse-Matin

C'est donc pour rencontrer cette Corse là, qui n'est pas que soleil et mer turquoise, comme les Muvrini l'ont si bien chantée, que notre journal remet la sienne chaque été. Certains sont heureux comme un 51 dans l'eau, d'autres comme un villageois au village. Dans chaque lieu que nous traversons, il y a une histoire à raconter, une curiosité à découvrir et des gens à rencontrer qui vous font partager leurs passions. Du Cap Corse à l'Alta Rocca, de la Balagne au Fiumorbo ou du Niolo au Taravo, chaque village a son âme, que nous essayons de faire ressentir à nos lecteurs, qu'ils soient d'ici ou d'ailleurs.

Souvenirs d'enfance

Tous ceux qui ont passé leur enfance au village ont en mémoire ce sentiment de liberté, de pouvoir jouer en forêt, dans les rivières et les ruisseaux. Les premières truites pêchées, les premières « guerres » contre les villages voisins, les parties de football, les heures passées autour de la fontaine, les cabanes construites avec des branches ou des planches de récupération, et couvertes de fougères. Les premières amours aussi, le soir de la fête patronale. Et puis le souvenir de ces soirées sous les étoiles, autour d'un feu avec quelques sons de guitare. Plus grand, on préparait l'ouverture de la chasse, on jouait aux boules ou aux cartes à l'heure de l'apéritif. Et ainsi allait la vie... Et ainsi va toujours la vie pour ceux qui n'ont pas oublié leurs origines et ont la chance de pouvoir profiter de quelques semaines de bien-être et de fraîcheur sous les pins et les ormeaux. Alors, d'ici à la fin du mois, les villageois retrouveront leurs vies dans nos villes ou ailleurs sur le continent. Les portes et les fenêtres se refermeront et de nombreux villages s'endormiront à nouveau. Mais si je suis convaincu d'une chose, c'est que ces villages ne resteront pas déserts éternellement. Ils seront, un jour ou l'autre, l'avenir de la Corse. Il suffit de savoir les protéger de la nouvelle malaria qui grignote peu à peu le littoral.

Traduction
Marc-Olivier Ferrari

À dilla franca 12

(6 uttrovi 2012)

Eppuri gira !

Un'assamblea incù a maistria di i trasporti, a criazioni di una cumpagnia aerea, a prupriità di i licei è di i culleghji, di i stradi è di i furesti, a cumpitenza in u duminiu di a cultura, di a lingua, di l'accunciamentu di u tarritoriu... È po' dinò a pussibilità di spariminta leggi particulari è un' università capaci d'accodda 4 000 studienti. S'è tutti sti puteri erani stati niguziati di colpu, dopu à l'affari d'Aleria è a criazioni di u FLNC, chì sà s'è a Corsica ùn avaria pussutu fà l'icunumia di più di trent'anni di cunflittu incù u puteri cintrali francesu. L'icunumia di i stragi, di i morti, di l'annati di prighjò, di i distruzzioni di servizii publichi o di i bè di i particulari. Chì sà s'è a lutta clandistina ùn saria più oghji chè un ricordu d'anziani cumbattanti. Ma a storia ùn si rifaci. À l'epica, a classa pulitica corsa idda stessa, massimu a Dritta, ùn era pronta à tali avanzati. U populu dinò ci vulia à cunvincialu. Tutti sti cumpitenzi, ci hè vulsutu à strappalli à pezzu è à buccò. Ugni volta ci hè vulsutu ad avè un puteri sucialistu in Parigi pà ottena novi avanzati, incù Mitterrand, Gaston Defferre, Joxe è Jospin. Una Manca chì, puliticamenti, hè stata pocu pagata in ritornu, à nantu à l'isula.

Maturità pulitica

Ma l'omini cambiani è l'idei avanzani. Oghji, incù un puteri di Manca à l'assamblea di Corsica è i naziunalisti à 30 %, i porti s'aprani, i mani si porghjini, a parolla viaghja è u dialogu si voli custruttivu. D'altri avanzati sarani siguramenti niguziati incù u novu guvernu di Manca à niveddu di a fiscalità, di u bislinguismu o di a citadinità isulana. Pà i so trent'anni l'assamblea di Corsica pari d'avè infini una certa maturità pulitica. Incù l'università chì t'hà à pena un annu di più, sò dui strumenti fundamintali pà appruntà un avvena degnu à stu populu è à a so ghjuventù. Com'è una casa, un paesu ùn si custruisci micca in un ghjornu ma, una manu aiutendu à l'altra, petra dopu petra, da i fundazioni si ghjunghji infini à u tettu. È tandu si pò tirà u fiori in alligria. Amen ! È cusì sia...

À dilla franca 12

(6 octobre 2012)

Et pourtant elle tourne!

Une assemblée avec la maîtrise des transports, la création d'une compagnie aérienne, la gestion des lycées et des collèges, des routes et des forêts, des compétences dans le domaine de la culture, de la langue, de l'aménagement du territoire… Et puis aussi la possibilité d'adapter des lois et une université capable d'accueillir 4000 étudiants. Si tous ces pouvoirs avaient été négociés après les événements d'Aleria et la création du FLNC, la Corse aurait peut-être fait l'économie de plus de trente ans de conflit avec le pouvoir central. L'économie de drames, de morts, d'années de prisons, de destructions de services publics ou de biens des particuliers. La lutte clandestine ne serait peut-être plus qu'un souvenir d'anciens combattants. Mais on ne refait pas l'Histoire. A l'époque, la classe politique insulaire elle-même, majoritairement de Droite, n'était pas prête à de telles avancées. Il fallait aussi convaincre le peuple. Toutes ces compétences ont dû être arrachées morceaux par morceaux. A chaque fois, c'est un pouvoir socialiste à Paris qui les a permises, avec des hommes comme Mitterrand, Defferre, Joxe ou Jospin. Une Gauche qui politiquement, a été en Corse peu récompensée en retour.

Maturité politique

Mais les hommes changent et les idées avancent. Aujourd'hui, avec une majorité de Gauche à l'assemblée de Corse et des nationalistes à 30 %, des portes s'ouvrent, des mains se tendent, la parole circule et le dialogue se veut constructif. De nouvelles avancées seront sûrement négociées avec la nouvelle majorité socialiste au niveau de la fiscalité, de la coofficialité de la langue ou de la citoyenneté corse. Pour ses trente ans, l'assemblée de Corse semble être parvenue enfin à une certaine maturité politique. Avec l'université qui n'a qu'un an de plus, ce sont deux outils formidables pour préparer un avenir digne à ce peuple et à sa jeunesse. Telle une maison, un pays ne se construit pas en un jour mais, une main aidant l'autre, pierre après pierre, des fondations on arrive enfin au toit. Ainsi on peut tirer le meilleur de nous-mêmes. Amen et ainsi soit-il…

Traduction
Marc-Olivier Ferrari

À dilla franca 13

(1a sittembri 2012)

A cunquista di l'oru neru

L'automobilisti corsi ni facini u custatu tutti i ghjorni, l'essenza hè monda più cara ind'è no chè in cuntinenti. Un suprapiù chì và da 15 à 22 centimi à nantu à un litru. Bastunata! È quista, allora chì a TVA hè più bassa quì di 6,6 % di centimi. Unu studiu cummandatu da l'ADEC c'impara ciò chè no sapiamu dighjà, ven'à dì chì sta diffarenza veni supratuttu da i costi di trasporti. Trasportu trà Marseglia è Corsica, è po' trasportu dinò trà i dipositi d'Aiacciu o Bastia è l'altri lochi di Corsica. Dunqua, al dilà di u scartu di prezzu trà u cuntinenti è a Corsica, ci hè dinò un scartu da un puntu di l'isula à l'altru. In cunsiquenza riveni più caru à un Portivichjacciu o à un Balaninu d'andà in Bastia chè à quiddu chì faci u viaghju à sensu cuntrariu.

Costa di u trasportu dunqua, ma com'è chì quandu u prezzu di l'essenza era impostu da u Statu, si pagaia di menu quì chè al dilà di u mari. Circhendu bè, duvariamu truvà altri raghjoni, com'è u fattu ch'iddu ci sighi, in stu duminiu com'è in tant'altri, un monopoliu à u niveddu di l'impurtazioni è di i dipositi. A TVA hè manghjata in qualchì locu da parsoni chì t'ani pocu primura di i bisogna di a Corsica è di i Corsi. Quand'iddu si sà chì, in u stessu tempu, i sucità pitrulieri facini binifizii straurdinarii è sempri in crescita malgradu a crisa, ci hè viramenti da ponasi i quistioni.

Cuntinuità tarrituriali

Ma rivinimu à quiddu trasportu. Mi si pari ch'idda ci hè una regula di cuntinuità tarrituriali pà u trasportu di marcanzii trà Cuntinenti è Corsica. Regula chì duvaria valè dinò à niveddu di i trasporti interni. Allora chì ni femu di sta cuntinuità s'idda ùn servi pà una materia cusì indispinsevuli chè l'essenza. In un' isula induva cuncurrenza ùn ci n'hè è induva i trasporti publichi ùn asistini guasgi micca fora di i dui cità maiori, una sola suluzioni s'imponi: chì u prezzu di l'essenza sighi impostu da u Statu. In a campagna alitturali, l'anzianu prisidenti avia dittu chì l'affari ùn era micca pussibuli par via di i reguli auropei. Una bucia di più! Si sà in fatti chì in l'isuli di a Guadalupa, di a Martinica è di a Riunioni i prezzi sò fissati ugni mesi da u prifettu iddu stessu. Quista misura hè un di i risultati di a mossa pupulari di l'abitanti di quisti lochi chì rivindichighjani anch'iddi prezzi chì sighini à parità incù u Cuntinenti. U fattu si stà chì culandi l'essenza hè oghji à 1,58 u litru è u gasoliu à 1,42. Ven'à dì 22 centimi di menu chè ind'è no. Sapendu chì quist'essenza veni dinò da Francia, comu farani à calculà, in stu casu quì, u prezzu di l'essenza? Pò essa ch'iddu ci voli, in Corsica dinò, un largu muvimentu rivindicativu par circà d'ottena infini prezzi raghjunevuli, pà l'essenza com'è par l'altri prudotti pagati à prezzu d'oru da i cunsumatori isulani. Quisti dritti dinò fermani sempri à cunquistà!

À dilla franca 13

(1er septembre 2012)

À la conquête de l'or noir

Les automobilistes corses en font le constat chaque jour, l'essence est bien plus chère chez nous que sur le continent. Un surplus qui va de 15 à 22 centimes par litre. Un coup de bâton ! Alors que la TVA est ici moindre de 6,6 %. Une étude commandée par l'ADEC nous apprend ce que nous savions déjà, c'est-à-dire que cette différence viendrait surtout des coûts du transport. Transport entre Marseille et la Corse et aussi entre les dépôts d'Ajaccio ou Bastia et le reste de la Corse. Par conséquent, au-delà de l'écart de prix entre le continent et la Corse, il y a également un différentiel entre un endroit de l'île et un autre. Ainsi, il est plus coûteux pour un Porto-vecchiais ou un Balanin d'aller à Bastia que l'inverse.

Le coût du transport donc, mais comment se fait-il que quand le prix de l'essence était fixé par l'État, on payait ici moins cher que de l'autre côté de la mer ? En cherchant bien, nous devrions trouver d'autres raisons, comme le fait qu'il y ait, dans ce domaine comme dans tant d'autres, un monopole des importations et des dépôts. Quelque part, la TVA est absorbée par des personnes peu soucieuses des besoins de la Corse et des Corses. Quand on sait aussi que pendant ce temps, les sociétés pétrolières font des bénéfices considérables et en hausse malgré la crise, il y a de quoi se poser des questions.

Continuité territoriale

Mais revenons au transport. Il me semblait qu'il y avait une règle de continuité territoriale pour le transport des marchandises entre la Corse et le continent. Règle qui devrait s'appliquer aussi aux transports internes. Alors que faisons-nous de cette continuité si elle ne nous sert pas pour une matière aussi indispensable que l'essence.

Dans une île où la concurrence n'existe pas, où les transports en commun sont presque absents en dehors des deux grandes villes, une seule solution s'impose : que le prix de l'essence soit fixé par l'État. Pendant la campagne électorale, l'ancien président avait expliqué qu'une telle mesure était impossible compte tenu des directives européennes. Un mensonge de plus ! En réalité, on sait qu'à la Guadeloupe, à la Martinique et à la Réunion, les prix sont fixés chaque mois par le Préfet lui-même. Cette mesure est le résultat d'un mouvement populaire des locaux qui revendiquaient des prix identiques à ceux du continent. Le résultat est que désormais, l'essence est là-bas à 1,58 euros le litre de sans plomb et 1,42 celui de diesel. C'est-à-dire 22 centimes de moins que chez nous. Sachant que cette essence vient aussi de France, comment calculent-ils donc le prix du carburant ? Peut-être faudrait-il, en Corse aussi, un large mouvement populaire pour obtenir enfin des prix raisonnables pour l'essence ou pour d'autres produits payés à prix d'or par les consommateurs insulaires. Ces droits aussi sont toujours à conquérir !

Traduction
Marc-Olivier Ferrari

À dilla franca 14

(8 sittembri 2012)

Lamenti sittembrini

Di sicuru a staghjoni turistica ùn hè ancu finita ma à quiddi ch'ùn ani fattu i so affari ad avà li ferma pocu tempu pà circà di strappassi un bucconu. Incù u mesi di sittembri si senti u chjoccu di a riintrata. Dopu l'alligria statinesca, a maior parti di i paesi si sbiotani è, dopu à i canti di i cigali, si sintarani prestu prestu i nanni chì l'addurmintarani pà l'inguirnata. Solu i tintini di i ghjacari di caccia darani un ritimu di vita à i nosci campagni.
Riintrata di i scoli dunqua, incù i pienti è i canti zitiddini, ma riintrata dinò à niveddu puliticu è suciali. È quì, avemu da senta i tradiziunali lamenti di quiddi chì si lagnani d'una gattiva staghjoni : calata di a friquintazioni, turisti fusciati, carichi troppu alti, trasporti troppu cari… Nienti di novu in fattu chè u stessu chjam'è rispondi ch'iddu si senti dapoi l'anni è l'anni. Ancu s'è quist'annu certi poni avè, par via di a crisi, uni pochi di belli raghjoni di fà senta a so voci. Ancu s'iddu ci hè pocu à rivindicà di manera leghjittima.
In u stessu tempu, quiddi chì s'aviani buscu qualchì travaddu pà dui o trè mesi avarani à chì fà à truvanni un antru pà l'inguirnata. U disimpiegu cresci è ci sarà certamenti l'abbuccu à i Restò di u Cori. Sò st'aghjenti quì, ma dinò l'anziani o quiddi chì straziani pà stintassi un picculu SMIC, chì ni patarani u più di sta crisa. Di fronti à a crescita di i prezzi in i supermarcati, a crescita di u prezzu di l'essenza è u fattu ch'iddu ùn si trovi alloghju à bon pattu, sò iddi ch'ani da baddà a zamparantana pà di bonu. Forza ci sarà qualchissia par sentali sti vociari d'inghjò chì certi volti dani a rima à l'addisperu. È forza ci sarà manera di metta un pocu di Rock & roll in a so vita.

À dilla franca 14

(8 septembre 2012)

Complaintes automnales

La saison n'est bien sûr pas encore terminée mais il ne reste que peu de temps à ceux qui ne l'auraient pas encore fait pour prendre leur part du gâteau. Avec le mois de septembre se fait entendre l'appel de la rentrée. Après les joies estivales, la plupart des villages se vident et, après le chant des cigales, on entendra très bientôt les berceuses qui les endormiront pour l'hiver. Seules les clochettes des chiens de chasse rythmeront la vie de nos campagnes.

Rentrée des classes, donc, avec les enfants qui pleurent et qui chantent, mais aussi rentrée politique et sociale. Et nous entendrons là les traditionnelles complaintes de ceux qui se plaindront d'une mauvaise saison : chute de la fréquentation, touristes fauchés, charges trop élevées, transports trop onéreux... Rien de nouveau. C'est la même rengaine qu'on entend depuis des années. Même si, cette année, certains peuvent avoir, en raison de la crise, de bonnes raisons de faire entendre leur voix. Même s'il n'y a pas grand chose qu'on puisse légitimement revendiquer.

En même temps, ceux qui avaient trouvé un emploi saisonnier auront fort à faire à en chercher un autre pour l'hiver. Le chômage augmente et il y aura certainement du monde aux restos du cœur. Ce sont ces gens-là, mais aussi les vieux et ceux qui gagnent péniblement un petit SMIC, qui souffriront le plus de la crise. Face à la hausse des prix dans les supermarchés, à la hausse des prix de l'essence et au fait qu'il est impossible de se loger à bon marché, ce sont eux qui ne vont pas rigoler. Peut-être y aura-t-il quelqu'un pour entendre monter ces complaintes dont les accents sont parfois désespérés. Et peut-être y aura-t-il un moyen de mettre un peu de Rock'n Roll dans la vie de ceux qui les chantent.

Traduction Jérôme Ferrari

À dilla franca 15

(15 sittembri 2012)

I « Mammuti » clandistini

Chì sittimana ! Ind'è no, l'attualità ùn hè mai à u puntu mortu. Allora chì a Corsica si ramintaia u 9 di sittembri di u 43, ghjornu di a so libarazioni, eccu chì d'altri machjaghjoli sceddini stu ghjornu quì - o piuttostu sta notti - pà lancià una gran distribuzioni di panetti è buffitona contru à i surpermarcati. In Francia, « Mammouth » sfracicaia i prezza, quì hè u FLNC. Sti mammuti clandistini, nati da una nova divisioni, t'ani i denti longhi è volini fà senta a so voci à nantu à u tarrenu suciali, fendu riffarenza à a lutta maiori di l'89 à a quali i muvimenti naziunalisti ùn aviani participatu, mancu i so sindicati. Aviani lasciatu tandu u so populu battasi solu sulettu contru à a vita cara è i diffarenzi di prezzi trà Corsica è cuntinenti. Sarà una ricunniscenza storica di quistu sbagliu ? Ma a calata di i prezza ùn sò micca solu i bombi chì a poni ottena, ci vularà par quissa una vera mubilisazioni pupulari. Basta à sapè s'è a Corsica n'hè sempri capaci.

Ghjustizia sminticata

I mesci cummirciali à pena spinti, hè un' antra viulenza chì ci tocca. Trè omini assassinati à tempu in u Curtinesi è un centu di baddi tirati. Vulintà di distrughja ma dinò di sturdulì i spiriti. Dui famiddi chì si compiini in una vera guerra di pusizioni. In cuntinenti, ùn si parla chè di a lutta in u banditismu marsigliesu, incù misuri spiciali presi da Parigi, ma ind'è no hè ancu peghju è si diciaria chì u Statu conta i punta. Com'è à l'epica di a guerra trà naziunalisti. Certi famiddi aspettani sempri avali i risultati di l'inchiesti è ùn si hè mai parlatu di prucessi davanti à a ghjustizia.

In fini di sittimana hè sciutu u prughjettu pà a riurganizazioni pulitica è amministrativa di a Corsica : una assamblea di 97 eletti in Corti, u cunsigliu esecutivu in Aiacciu, un cunsigliu tarrituriali in Corsica Suttana è un antru in Corsica Suprana… Ind'è no s'apetta sempri u gasu ma l'usina hè guasgi pronta. In Sardegna, in u stessu tempu, u numaru di cunsiglieri rigiunali passa da 100 à 50 è u populu voli eleghja un'assamblea nova par riscriva u statutu di l'isula pà andà al dilà di l'autunumia. Forsa chì i nosci eletti, à l'ora di u votu, t'avarani anch'iddi un pocu di bon sensu è supratuttu di curaghju puliticu pà ghjunghja à una riforma chì t'avaria o mancu a simplicità com'è qualità prima. In quantu à dumandalli di cacciassi u pani di a bucca supprimendu i dui cunsigli ginirali - chì sò anch'iddi mammuti di un altru tempu - l'affari pò parè un sognu. Ma ùn si sà mai…

À dilla franca 15

(15 septembre 2012)

Les « Mammouths » clandestins

Quelle semaine ! Chez nous, l'actualité ne reste jamais au point mort. Alors que la Corse commémorait le 9 septembre 43, jour de sa libération, voici que d'autres maquisards choisissent ce jour – ou plutôt cette nuit-là pour se lancer dans une grande distribution d'attentats contre les supermarchés. En France, « Mammouth » écrasait les prix. Ici c'est le FLNC. Ces mammouths clandestins, nés d'une nouvelle scission, ont les dents longues et veulent faire entendre leur voix sur le terrain social, en référence au grand conflit de 89 auquel les mouvements nationalistes n'avaient pas participé, pas plus que leur syndicat. Ils avaient alors laissé leur peuple se battre seul contre la vie chère et les écarts de prix entre Corse et continent. Serait-ce une reconnaissance historique de cette erreur ? Mais les bombes ne suffiront pas à obtenir une baisse des prix, il faudrait une vraie mobilisation populaire. Reste à savoir si la Corse en est capable.

Justice oubliée

Les mèches commerciales à peine éteintes, c'est une autre forme de violence qui nous touche. Trois hommes assassinés en même temps dans le Cortenais, une centaine de balles tirées. Volonté de détruire mais aussi de marquer les esprits. Deux familles qui se massacrent dans une vraie guerre de position. Sur le continent, on ne parle que des conflits dans le milieu marseillais, avec des mesures spéciales prises par Paris, mais la situation est encore pire chez nous, où l'on dirait que l'État se contente de compter les points. Comme à l'époque de la guerre entre nationalistes. Certaines familles attendent encore les résultats des enquêtes et il n'a jamais été question d'aucun procès devant la justice.

En fin de semaine a été publié le projet pour la réorganisation politique et administrative de la Corse : une assemblée de 97 élus à Corte, le Conseil Exécutif à Ajaccio, un Conseil Territorial en Corse du sud et un autre en Haute-Corse… Chez nous, on attend toujours le gaz, mais l'usine est déjà prête. En Sardaigne, dans le même temps, le nombre de conseillers régionaux passe de 100 à 50 et le peuple veut élire une nouvelle assemblée qui réécrive le statut de l'île afin d'aller au-delà de la simple autonomie. Peut-être nos élus auront eux aussi, au moment de voter, un peu de bon sens mais surtout de courage politique pour arriver à une réforme dont la simplicité serait au moins la qualité première. Quant à leur demander de s'ôter eux-mêmes le pain de la bouche en supprimant les deux conseils généraux – autres espèces de mammouths – il ne faut sans doute pas rêver. Mais on ne sait jamais…

Traduction Jérôme Ferrari

À dilla franca 16

(22 sittembri 2012)

A disgrazia di l'« omo » di Cagna

Eccu chì uni pochi di merri è mirrachjoli corsi si dicini pronti à andà contru à a futura leggi francesa è à chjuda i porti di a Casa Cumuna à una catiguria di citadini, ricusenduli u matrimoniu. Mal qual sarani sti criminali ? Certi paisani assassini, cunnisciuti di tutti, scrucconi, rachittori, vendidori di droga, incù i mani carchi à sangu ? Innò, chì u so curaghju ùn hè cusì maiori... Par quisti quì, à u cuntrariu, porti è bracci sò aparti. Si spartarà ancu sciampagnu è friteddi dopu à a cirimonia. I paganacci sò in fatti l'omossessuali - omini o donni - chì si volini marità. Tamanta prova ! Stu drittu, rivindicatu da l'anni è l'anni, entri in u prugramma di u novu prisidenti di a ripublica è faci dibattitu in a sucità francesa.

Una nurmalità par tutti

Mà ùn hè ancu l'affari di u seculu. L'omossessuali ùn dumandani micca a ricunniscenza di a so diffarenza ma quidda di a so nurmalità. Una simplici furmalità amministrativa, à parè meu. D'altrondi d'altri paesi auropei ani dighjà adduttatu sta leggi com'è i Paesi Bassi, a Belgica, l'Inghilterra, a Nurvegia è ancu a Spagna è u Purtugalu. È puri sti dui ultimi paesi t'ani una forti tradizioni catolica. Ma ci voli à mettasi in capu chì, in stu dibattitu quì, i riligioni ùn c'entrini par nudda, ancu s'iddi volini influenzà a dicisioni. Ùn si vidi micca parchì, in una sucità laica, certi parsoni ùn avariani micca i stessi dritti chè l'altri, simpliciamenti in funzioni di a so urientazioni sessuali. Ci vularia allora andà à scruchjà sutt'à i linzoli di i coppii ch'iddi dicini « nurmali » par veda s'idd'ùn ci hè pratichi piatti chì ùn cunvinariani à una certa murali. Qual'hè chì si n'impippa ?

Porti aparti... à l'amori

U matrimoniu ùn hè micca, com'iddi dicini certi, un' istituzioni, unu di i fundamenti di a sucità. Hè simpliciamenti un attu amministrativu. Un gestu sintimintali dinò par quiddi chì volini stampà u so amori. È l'amori ùn si ricusa à nimu ! Allora ch'iddi s'aprani i porti di i cuscenzi… è di i mirrii ! Ancu s'iddu ci voli à perda uni pochi di voti di u Fronti Naziunali.

À dilla franca 16

(22 septembre 2012)

Le malheur de l'« homo » di Cagna

Voici donc que quelques maires et conseillers municipaux corses se disent prêts à aller contre la future loi française en fermant les portes des mairies à une catégorie de citoyens qu'ils refuseront de marier. Mais qui peuvent bien être ces criminels ? Des assassins, bien connus de tous, des escrocs, des racketteurs, des vendeurs de drogue aux mains dégoulinantes de sang ? Non, leur courage ne va pas jusque là... Pour ceux-ci, au contraire, les portes et les bras sont grands ouverts. On partagera même le champagne et les beignets après la cérémonie. Les hérétiques sont en fait les homosexuels – hommes et femmes – qui veulent se marier. Quel défi ! Ce droit, qu'ils revendiquent depuis des années, fait partie du programme du nouveau président de la république et fait débat dans la société française.

Une normalité pour tous

Ce n'est quand même pas l'affaire du siècle. Les homosexuels ne demandent pas la reconnaissance de leur différence mais celle de leur normalité. Une simple formalité administrative, me semble-t-il. D'autres pays européens ont d'ailleurs déjà adopté cette loi comme les Pays-Bas, la Belgique, l'Angleterre, la Norvège ainsi que l'Espagne et le Portugal. Et ces deux derniers pays ont pourtant une forte tradition catholique. Mais il faut bien comprendre que les religions n'ont rien à voir avec ce débat, même si elles veulent influencer la décision. On ne voit pas pourquoi, dans une société laïque, certaines personnes n'auraient pas les mêmes droits que les autres au prétexte de leur orientation sexuelle. Il faudrait alors aller espionner les alcôves des couples dits « normaux » pour voir s'il ne s'y cache pas quelque pratique secrète qu'une certaine morale réprouverait. Qu'est-ce qu'on en a à faire ?

Portes ouvertes à l'amour

Le mariage n'est pas, comme le prétendent certains, une institution, un des fondements de la société. Ce n'est qu'un acte administratif. Et également un geste sentimental pour ceux qui veulent rendre leur amour public. On ne peut refuser l'amour à personne ! Alors que s'ouvrent les portes des consciences… et des mairies ! Même s'il faut y perdre quelques suffrages du Front National.

Traduction Jérôme Ferrari

À dilla franca 17

(6 uttrovi 2012)

U sognu di Pasquali Paoli

Più di 4000 studienti, 60 naziunalità raprisintati, 100 diploma pruposti… In trent'anni l'università di Corsica hà cunquistatu a so parti di rinoma è d'universalismu. Ma sta cunquista hè stata un cumbattu d'ugni ghjornu. Cumbattu pà l'apartura, primamenti, parchì à l'epica, fora di i naziunalisti nimu ni vulia di st'università. Allora, l'omini pulitichi ùn la diciani micca franch'è chjara ma ani fattu più chè strascinà i pedi. Certi a ricunnoscini oghji, com'è pà a lingua corsa, sò passati à cantu à a storia, chjudindu ciò chì era una dumanda ghjusta è nicissaria in u cunfruntu puliticu.

A visioni di Paoli

A rivindicazioni è a mubilizazioni sò stati purtati da a ghjuventù corsa idda stessa. Grevi in i licei, accupazioni di l'amministrazioni, manifistazioni pupulari… Finalmenti, in l'81, i porti si riapriani. I studienti erani pocu numarosi, i mezi matiriali è i prufissori dinò. Ci hè dunqua vulsutu à scumbatta dinò pà a custruzioni di i bastimenti, pà i posti d'insignanti, pà l'apartura di novi figlieri. Ci sò stati i sbagli ma i belli riesciti dinò. A più bella sarà stata di cunvincia i Corsi ch'iddu si pudia avè un insignametu di qualità in Corti, com'è in altrò è di libarà l'università di i lutti pulitichi. Oghji l'accunsentu hè ginirali. Tutti ùn poni chè ricunnoscia chè a visioni di Pasquali Paoli in 1765, ripresa 200 anni dopu da a ghjuventù corsa, era ghjusta è chjara.
In 30 anni, l'università hà furmatu quiddi chì raprisentani oghji l'avvena di u so populu : insignanti, circatori, funziunarii, imprisarii… è ancu ghjurnalisti. Hè incù tuttu ciò chì quisti quì rindarani à a sucità chì a Corsica di u sapè, di u sapè fà è di a cultura crisciarà dinò, incù un arnesi ch'iddu ci voli à cuntinuà à sviluppà : a so università.

À dilla franca 17

(6 octobre 2012)

Le rêve de Pascal Paoli

Plus de 4000 étudiants, 60 nationalités, 100 diplômes proposés... En trente ans, l'université de Corse a conquis sa part de renommée et d'universalisme. Mais cette conquête a été un combat de tous les jours. Combat pour l'ouverture, pour commencer, car à l'époque, nationalistes mis à part, personne ne voulait de cette université. Les hommes politiques ne le disaient pas clairement mais ils ont fait plus que traîner les pieds. Certains le reconnaissent aujourd'hui, comme pour la langue corse, ils sont passés à côté de l'histoire, en enfermant ce qui était une exigence juste et nécessaire dans une polémique politicienne.

La vision de Paoli

La revendication et la mobilisation ont été portées par la jeunesse corse elle-même. Grève dans les lycées, occupations des administrations, manifestations populaires... Finalement, en 1981, les portes se sont rouvertes. Les étudiants étaient peu nombreux, comme les moyens matériels et les professeurs. Il a donc fallu se battre pour la construction des bâtiments, pour les postes d'enseignants, pour l'ouverture de nouvelles filières. Il y a eu des erreurs, mais aussi de belles réussites. La plus belle aura été de convaincre les Corses qu'on pouvait avoir un enseignement de qualité à Corte, comme ailleurs, et de libérer l'université des luttes politiques. Aujourd'hui, le consensus est général. Tout le monde ne peut que reconnaître que la vision de Pascal Paoli en 1765, reprise 200 ans plus tard par la jeunesse corse, était juste et claire.
En 30 ans, l'université a formé ceux qui représentent aujourd'hui l'avenir de leur peuple : enseignants, chercheurs, fonctionnaires, entrepreneurs... et même journalistes.

C'est avec ce que tous ceux-là rendront à la société que la Corse du savoir, du savoir-faire et de la culture se grandira encore, avec un outil qu'il faut continuer à développer : son université.

Traduction Jérôme Ferrari

À dilla franca 18

(13 uttrovi 2012)

Da a cuntinuità tarrituriali à a fruntiera di Vizzavona

In u dibattitu à l'assamblea di Corsica à prupositu di i trasporti maritimi, a nuvità hè a missa in piazza d'un sirviziu dittu « suciali è sulidariu » pà assicurà a cuntinuità di un minimu di trafficu, ancu in casu di greva. Ma a cuntinuità ùn vali chè pà a Francia. Ven'à dì ch'ùn si ni parla ancu pà u trafficu incù a Tuscana, a Sardegna o parchì micca un ghjornu incù a Spagna. Stu cuntratu maritimu sarà firmatu pà i deci anni chì venini. Dunqua, s'è a cuntinuità auropea ùn hè presa in contu avali, a Corsica firmarà chjusa, dinò uni pochi d'anni, à u so ambienti naturali di u Mediterraniu. È la nave và!

Valori fundamintali

Ci voli à dì ch'uni pochi di i nosci eletti parini impinsiriti da altri sughjetti chì facini u dibattitu in stu mumentu in Francia. Tutti arritti contru à u matrimoniu di l'omossessuali è u votu di i stragneri à l'alizzioni lucali. Sta sittimana si sò pisati u diputatu Marcangeli è Gilles Simeoni. U primu hè in a ligna di u so partitu, ma da u sicondu, chì si dici prugressitu è umanistu, si pudia aspittà un' antra presa di pusizioni. In fatti ùn ci hè tantu da stunassi vistu chì d'altri eletti com'è Angelini o Biancucci erani dighjà à nantu à i stessi pusizioni. Oghji, pà certi naziunalisti, a vulintà di difenda l'intaressi di u so populu si pò chjamà… populismu. Ùn si sa mai chì un musulmanu gay si vulissi arrubbà u pani à a cicculata di u picculu Pasquale à a sciuta di a scola di Morosaglia…

Ma chì crisa?

In u stessu tempu, i militari francesi è quiddi di l'Arabia Saudita si spartini in u celi di a Corsica quiddi pani à a cicculata, à l'uccasioni d'un eserciziu trà i dui armati. Allora ch'idd'ùn si parla chè di crisa, di ghjenti senza impiegu è di a nicissità di stringhjasi a cinta, ci voli à vedali quidd'avviò chì sdrisgiani da a mani à a sera u celi isulanu, brusgendu par nudda millioni di litri di benzina. Ma, quand'iddu ci hè u petroliu, pocu premini l'idei…

Criminulugia

Tutta a sittimana si hè tinutu in cuntinenti u prucessu dittu di l'affari di u « bar des marronniers ». Finalmenti hè statu suspesu parchì ci sariani stati prissioni à nantu à i tistimonii. Mi faci pinsà à una vechja affari à u tribunali di Bastia. Nanzi à un prucessu, una parsulanità di u mezu ch'era cunnisciuta par pudè avè u pesu à nantu à i ghjurati s'era incaricata di mettali guasgi tutti da parti di l'accusatu. Ma ci n'era unu ch'iddu ùn avia pussutu tuccà. U ghjornu di u prucessu, nanzi d'entra in a sala, u sgiò maffiosu và è abbraccia à quistu quì davanti à tuttu u mondu. Finalmenti, u solu ghjuratu chì firmaia biancu com'è nivi hè statu ricusatu da l'avvucatu ginirali. L'università di Corti, chì hà firmatu sta sittimana una cunvinzioni incù quidda di Palerma, pudarà pò dassi metta st'affari à u prugramma di un futuru Master in criminulugia.

A battaglia di Vizzavona

À una sittimana di u derby trà Aiacciu è Bastia cumenciani i pulemichi, i prissioni è u scambiu di parullacci trà i partighjani di i dui squatri. I dui prisidenti circani di mantena u calmu è di metta tuttu in ballu par circà di fà ch'idd'ùn accadi qualchì affaraccia. Ci voli chì ugnunu tinissi in menti ch'idd'ùn s'agisci chè d'una partita di ballò. Una bella festa spurtiva… Forsa u ministru Valls ùn sarà ubligatu di metta una fruntiera in Vizzavona. S'iddi ci duviani essa, stu ghjornu quì, incidenti trà Bastiacci è Aiaccini, tandu ùn si pudaria più parlà di razzismu contru à i Corsi.

À dilla franca 18

(13 octobre 2012)

De la continuité territoriale à la frontière de Vizzavona

Dans le débat à l'assemblée de Corse à propos de transport maritime, la nouveauté réside dans la mise en place d'un service baptisé : « social et solidaire » afin d'assurer l'existence d'un minimum de trafic, même en cas de grève. Mais cette continuité ne vaut que pour la France. Quid de celle vers la Toscane, la Sardaigne ou pourquoi pas un jour l'Espagne ? Ce contrat maritime nous engagera pour dix ans. De ce fait, si la continuité européenne est négligée aujourd'hui, la Corse tournera le dos encore longtemps à son environnement naturel, la Méditerranée. E la nave va !

Valeurs fondamentales

Il est à noter que nombre de nos élus semblent soucieux de participer à certains débats qui agitent la France actuellement. Vent debout contre le mariage homosexuel et le vote des étrangers aux élections locales. Cette semaine se sont élevés, le député Marcangeli et Gilles Simeoni. Le premier soutient la ligne de son parti, mais de la part du second, qui se présente progressiste et humaniste, on pouvait attendre autre chose. Mais peut-être n'est-ce pas si étonnant sachant que d'autres élus tels que Biancucci et Angelini, campaient déjà sur les mêmes positions. Aujourd'hui, pour beaucoup de nationalistes, la volonté de défendre leur peuple se transforme en…populisme. Sait-on jamais, on pourrait voir un musulman gay tenter de voler les pains au chocolat du petit Pascal à la sortie de l'école de Merusaglia…

Crise, vous avez dit crise ?

Ces jours-ci, à l'occasion de manœuvres conjointes, les armées de France et d'Arabie Saoudite se disputent les fameux pains au chocolat dans le ciel de Corse. Alors que l'on ne parle que de crise, de gens sans emploi et de nécessité de se serrer la ceinture, il faut voir ces avions qui évoluent du matin au soir au-dessus de nos têtes, brûlant vainement des millions de litres de kérosène. Quand on a du pétrole, peu importent les idées…

Criminologie

Cette semaine, s'est tenu au tribunal de Draguignan, le procès dit « du bar des marronniers ». Procès finalement suspendu à cause de supposées pressions qu'auraient subi des témoins de l'affaire. Cela me rappelle une vieille histoire au tribunal de Bastia. Avant l'audience, une personnalité du milieu connue pour son influence sur les jurés s'était chargée de presque tous les faire pencher du côté de l'accusé. Un seul n'avait pu être approché. Le jour venu, avant d'entrer dans la salle, notre bandit alla étreindre « l'oublié » aux yeux de tous. Ce dernier, pourtant seul à avoir conservé l'innocence de l'agneau, fut récusé par l'avocat général. L'Université de Corse, qui a signé cette semaine un partenariat avec celle de Palerme, serait peut-être bien inspirée d'inscrire cette affaire au programme d'un futur Master en criminologie.

La bataille de Vizzavona

A une semaine du derby entre Ajaccio et Bastia, polémiques, échanges aigre-doux et autres pressions se font jour entre supporters des deux camps. Les deux présidents se démènent, appelant à la raison et cherchant à éviter d'éventuels affrontements. Personne n'a le droit d'oublier qu'il ne s'agit que d'un match de football. Une belle fête pour le sport… Peut-être alors, le ministre Valls ne sera pas obligé d'ériger Vizzavona en frontière. S'il devait y avoir, ce jour-là, des heurts entre Ajacciens et Bastiais, nous devrions cesser de parler de racisme anti-corse.

Traduction
Jean-Yves Acquaviva

À dilla franca 19

(3 nuvembri 2012)

Da a dichjarazioni di guerra à a mubilizazioni ginirali

Com'è à l'epica di a guerra trà naziunalisti, u Statu ùn s'hè mischiatu di a guerra di u Mezu. In fatti, cuntaia i punti piddendu a rispunsabilità di lascià mirzà una sucità, di sacrificà una ghjuventù, abbandunenduli à a leggi di u più forti. Ci hè vulsutu ch'iddu sighi toccu iddu stessu in i so isitituzioni - quidda di a ghjustizia par via di l'assassinatu d'un avvucatu - pà riagiscia à u più altu niveddu di u guvernu. Ci voli à dì chì l'affari hè stata missa in davanti da tutti i media naziunali è ch'idda hà dunqua scuzzulatu l'opinioni publica francesa. È quista, à u Statu, ùn li piaci manc'à pena.

Un segnu forti

Allora, avali, caccia anch'iddu i so armi è moscia i so musculi. U primu ministru hà tracciatu a strada è u ministru di l'Internu incù quiddi di a ghjustizia vinarani in Corsica à a fini di u mesi pà entra più pricisamenti in u ditagliu di i misuri. Al dilà di i mezi, di u rinforzu di pulizzieri, ciò chì hè nicissariu, ciò ch'idda aspetta a Corsica, hè un segnu forti, una vera vulintà di fà chì a viulenza ùn venghi banalizata com'è a regula di vita - o di morti - di sta sucità. È subratuttu chì u Statu firmessi di vulè renda tutti i Corsi culpevuli di ciò ch'iddu si passa quì. Parchì a maior parti di i Corsi ni patini di sta viulenza, ùn ni prufittani micca!

U muscu di u soldu biancu

Parchì i culpevuli - i veri - sò belli cunnisciuti da a pulizza idda stessa è da i servizii di rinsignamentu. Allora chì u guvernu assigurghi a so missioni è u travaddu ùn li mancarà micca parchì in uni pochi d'anni di lascia corra hè una vera Maffia chì s'hè missa in piazza quì. Basta à suvità

l'odori di u soldu rè, di a spiculazioni, di a droga, di u sbiancamentu o di u « rachettu » pà truvanni i capi o i suldati persi.
Pà u restu, di sicuru chì a Corsica, par via di i so eletti, di i so intellettuali, di i so prufiziunali, t'hà anch'idda una rispunsabilità à piddà. Ci voli à rimetta i valori di u travaddu à u centru di a sucità. Ci vularà ancu un pocu d'imaginazioni par fà sunnià a ghjuventù è custruì un avvena fattu di dignità è di paci.

À dilla franca 19

(3 novembre 2012)

De la déclaration de guerre à la mobilisation générale

Comme à l'époque de la guerre entre nationalistes, l'État ne s'est pas mêlé de la guerre du Milieu. En fait, il comptait les points en prenant la responsabilité de laisser se pourrir toute une société, de sacrifier une jeunesse en l'abandonnant à la loi du plus fort. Il a fallu qu'il soit lui-même touché dans ses institutions – celle de la Justice, avec l'assassinat d'un avocat – pour réagir au plus haut niveau du gouvernement. Il faut dire que l'affaire a fait la une de tous les médias nationaux et qu'elle a donc secoué l'opinion publique française. Ce qui ne plaît pas du tout à l'État.

Un signe fort

Alors il prend lui aussi les armes et montre ses muscles. Le premier Ministre a montré la voie et le Ministre de l'Intérieur viendra en Corse avec la garde des Sceaux pour entrer plus précisément dans le détail des mesures. Au-delà des moyens, des renforts policiers, ce qui est nécessaire, ce qu'attend la Corse, c'est un signe fort, une vraie volonté d'empêcher la violence de se banaliser jusqu'à devenir le mode de vie – ou de mort – de cette société. Et surtout que l'État arrête de vouloir rendre tous les Corses coupables de ce qui se passe ici. Car les Corses, dans leur grande majorité, ne profitent pas de cette violence : ils en souffrent !

Le parfum de l'argent blanchi

Car les coupables, les vrais, sont bien connus de la Police et des services de renseignements. Que le gouvernement assure donc sa mission et le travail ne lui manquera pas : en quelques années de laisser-aller, c'est une véritable

Mafia qui s'est mise en place ici. Il suffit de suivre l'odeur de l'argent roi, de la spéculation, de la drogue, du blanchiment ou du racket pour en trouver les chefs et les soldats perdus.
Pour le reste, il est sûr que la Corse, à travers ses élus, ses intellectuels, ses professionnels, doit elle aussi prendre ses responsabilités. Il faut remettre les valeurs du travail au centre de la société. Il faudra aussi de l'imagination pour faire rêver la jeunesse et construire un avenir de paix et de dignité.

Traduction Jérôme Ferrari

À dilla franca 20

(10 nuvembri 2012)

Un prisidenti pà l'America, un Goncourt pà a Corsica

Sta sittimana i sguardi è l'arichji erani ghjirati versu l'America. S'aspittaia di sapè s'è u prisidenti Obama avia da essa rielettu. Ori è ori d'emissioni à a telè o à a radiò, centinaii di pagini scritti in i ghjurnali, senza parlà di internet... Quista quì l'infurmazioni ùn si pudia fughjala. È si hè vistu chì l'aspitteri è i cunsidarazioni di l'Americani ùn erani micca i stessi chè quiddi di i Francesi è di l'Auropei di pettu à Obama. Quì s'apetta ch'iddu salvi u Mondu, culà i prublema sò quiddi di u cutidianu - impiegu, alloghju, impositi - ch'impinsiriscini i citadini. Di l'Auropa si n'impippani più chè bè... I ghjurnalisti di a televisioni ùn cunnoscini mancu u nomu di u nosciu prisidenti. Certi pensani chì no semu sempri sutt'à Mitterrand...

S'è i Francesi aviani vutatu, Obama saria statu elettu à più di 70 %. In fatti si hè guasgi fattu intrappulà da u candidatu ripublicanu. Ma *bon*, si n'hè sciutu. Ancu s'iddu ci hè vulsutu à scumbatta in sinu à l'ultimu ghjornu è finiscia in lacrimi. Ferma quantunqua u solu prisidenti di i grandi nazioni - quiddi dimucratichi di sicuru - chì hà riisciutu à sfrancassila da a crisa.

Ferrari superstar

U stessu ghjornu, i media naziunali ani dinò parlatu di a Corsica. In bè, pà una volta. Ùn si trattaia micca di l'alizzioni di u nosciu prisidenti, chì di quista n'avemu dighjà ancu troppu parlatu. Ma c'era quantunqua un scrutinu impurtanti : quiddu pà scedda u laureatu di u Premiu Goncourt 2012. È quista l'alizzioni, strinta strinta dinò, a s'hà vinta u scrivanu corsu Jérôme Ferrari par u so rumanzu « Le Sermon sur la chute de Rome » (Actes Sud).

Stu Fuzzanincu, chì hà insignatu a filusuffia parechji anni à u liceu di Portivechju è à u Fesch in Aiacciu, hè dapoi sittembri prufissori in l'Emirati Arabi Uniti - ma a so tarra hè quì. A so spirazioni ci si trova dinò in gran parti. U so libru parla d'altrondi di dui ghjovani Corsi ch'arrestani i so studii in Parigi pà circà di custruì u più beddu di i mondi, ripiddendu un caffè in un paesu isulanu. Ma tutti i mondi si sfraiani un ghjornu - giniralmenti di manera tragica - quiddu di Roma com'è quiddu di sti ghjovani o quiddu di una certa Corsica dopu à a guerra di u 14. Purtatu da una scrittura magnifica - viramenti degna di stu Goncourt - u rumanzu di Ferrari arreca una vera analisa psiculogica à nantu à a sucità chì parmetti di capiscia certi funziunamenti. In tuttu casu, a prova hè fatta chì, incù a litteratura, da un « comptoir » di paesu si pò tuccà l'universu. Stu premiu Goncourt hè un evvenimentu maiò pà a noscia cultura è Ferrari apri quì i porti di a ricunniscenza è di u successu à d'altri scrivani di a stessa ginirazioni è di a stessa trinca.
Yes they can!

À dilla franca 20

(10 novembre 2012)

Un président pour l'Amérique, un Goncourt pour la Corse

Cette semaine tous les regards étaient braqués sur l'Amérique. Nous attendions de savoir si le président Obama serait réélu. Des heures et des heures de télé et de radio, des centaines de pages de journaux, sans parler d'internet… Impossible d'esquiver cette information là. Nous avons pu constater combien les attentes des Français étaient différentes de celles des Américains. Ici, on espère qu'il sauvera le monde, là-bas ce sont les préoccupations du quotidien - emploi, logement, impôts - qui intéressent les citoyens. Et de l'Europe ils s'en tamponnent… La plupart des journalistes ne connait même pas le nom de notre président. Beaucoup croient que c'est encore François Mitterrand…

Si les français avaient voté, Obama aurait recueilli 70 % des suffrages. Pourtant, il a bien failli être battu par le candidat républicain. Il s'en est tiré, même s'il a fallu s'accrocher jusqu'au dernier jour et finir dans les larmes. Il reste le seul président d'une grande nation - démocratique bien sûr - qui parvient à éviter l'écueil de la crise.

Ferrari superstar

Ce jour là les médias nationaux ont également parlé de la Corse. En bien pour une fois. Il n'était pas question de l'élection de notre président, mais d'un autre scrutin important : celui du Prix Goncourt 2012. Ce vote-là, très serré lui aussi, a vu la victoire de l'écrivain Jérôme Ferrari pour son roman : « Le sermon sur la chute de Rome » (Actes Sud). Cet originaire de Fozzano - qui a enseigné la philosophie durant plusieurs années au lycée de Porto Vecchio et au Fesch à Ajaccio - est depuis le mois de septembre professeur aux Emirats Arabes Unis, mais sa terre est ici. Son inspiration y est enracinée pour une grande partie. Son livre évoque d'ailleurs deux jeunes Corses qui interrompent leurs études parisiennes pour essayer de construire le plus beau des mondes en reprenant un café dans un village de l'île. Mais tous les mondes s'écroulent un jour - généralement de façon tragique - celui de Rome comme celui de ces jeunes gens ou encore celui d'une certaine Corse d'après la guerre de 14/18. Porté par une écriture magnifique - vraiment digne du Goncourt - le roman de Ferrari pose une vraie analyse psychologique sur la société et permet d'en comprendre certains fonctionnements. La preuve est faite qu'avec la littérature, on peut depuis un comptoir, arriver à l'universalité. Ce prix Goncourt est un événement majeur pour notre culture car Ferrari ouvre ici les portes de la reconnaissance et du succès à d'autres écrivains de sa génération et de la même veine.

Yes they can!

Traduction
Jean-Yves Acquaviva

À dilla franca 21

(17 nuvembri 2012)

Acqua in bocca è pistola cinta

Maffia! A parolla hè ditta à u più altu niveddu di u guvernu. Infini! Pà curà una malatia a prima cosa hè d'avè u diannosticu ghjustu. A frebba, idda, si misura ugni ghjornu, ed hè crisciuta sta sittimana dinò incù l'assassinatu di Jacques Nacer, u prisidenti di a camara di cumerciu suttanaccia. È i duttori sò ghjunti subitu: u ministru di l'Internu è quidda di a ghjustizia. In a so urdunanza prascrivini un trattamentu di sciocu. À sentali dì, u statu hà da ghjucà infini u so rolu. Quista, l'avemu dighjà intesa in bucca d'altri ministri fanfaroni com'è Sarkozy, Chevènement, Debré o Pasqua. Ma sta volta vulemu creda à una vera vulintà pulitica. Demuli a so scianza chì sò à pena ghjunti à u puteri. Com'è San Tumasgiu, s'aspetta dunqua di veda.

Fantasimi parigini

U solu sbagliu di sti ministri, par avà, hè di cuntinuà incù u « cliché » bellu pariginu à nantu à l'omertà è a leggi di u silenziu in Corsica. À senta i media naziunali t'avariamu tutti una pistola cinta è sapemu tutti ciò ch'iddu si passa quì ma ùn parlemu micca. M'invengu di l'epica di a fughjita di Colonna: al dilà di i turisti, ancu cert'amichi chì vo piddaiati pà ghjenti cultivati, intallittuali d'altu niveddu, à un certu mumentu di a discussioni a vi cacciaiani: « Mais toi tu es Corse tu dois savoir où il est ? » È chì ni sapia eiu! È chì ni socu oghji di qual'hè chì hà tumbu à Nacer, à Sollacaro o à Sorba. È chì ni socu di qual'iddi sò i soldi invistiti in i casi di lussu, lutissamenti è casamenti chì crescini com'è funghi in bordu di mari. È a maior parti di i Corsi sò com'è mè. A maior parti t'hà u so da fà à stintassi a so vita incù i veri prublema di u cutidianu: l'alloghju, l'impiegu, a saluta, l'educazioni di i fiddoli, ecc. Incù a maffia, ùn ci sò chè quiddi chì sò drintu chì sani ciò chì si passa. Ven'à di i maffiosi iddi stessi, certi pulitichi currotti o sutt'à prissioni, imprisarii complici è tutta a bricungnia chì li ghjira intornu. Allora, à senta dì da Manuel Valls, « En Corse on sait qui sont les commanditaires mais on ne parle pas », hè qualcosa d'insuppurtevuli. Stu « on » hè guasgi un' insulta. Torna l'affari di a leggi di u silenziu. Sarà viramenti parchì i Corsi ùn parlani micca chì l'inchiesti ùn avanzani o più ghjustamenti parchì in sinu ad avali a pulizza, a ghustizia è u guvernu si n'impippaiani è lasciaiani i maffiosi compiasi trà iddi.

O muti o balanci?

Comu sarà chì sta leggi di u silenziu ch'iddi dicini ùn hà micca impiditu d'arristà, di ghjudicà è di metta in prighjò centinaii di naziunalisti clandistini? Allora si no suvitemu stu raghjunamentu i Corsi chjudariani a so bucca pà i maffiosi ma sariani veri balanci di pettu à i naziunalisti... O saria, piuttostu, ch'idda ci hè stata pà u passatu una vulintà pulitica bella difinita. À quali hà da fà creda u Statu ch'iddu hà riisciutu, à u 19e seculu, ad arristà i banditi - micca tutti d'onori - piatti in i nosci muntagni, ch'iddu hà arristatu è cundannatu quiddi ch'ani tumbu un prifettu è chì oghji, incù i mezi scientifichi muderni - ADN, ballistica, ascolti telefonichi, videò, balisi GPS sutt'à i vitturi - a so pulizza è a so ghjustizia ùn sani micca qual'iddi sò i capimachja è i so complici di u criminu urganizatu in un' isula di 300 000 milla abitanti. Ch'iddi ùn la dighini à u stragneri o mancu - à Roma, Palerma, Napuli o New York - chì passariani di sicuru pà veri baulli. Allora, quand'iddi vultarani i ministri nanzi à a fini di u mesi ch'iddi arrestini una volta par sempri incù sta leggi di u silenziu. Ch'iddi piddessini i misuri ch'iddu ci voli pà essa à l'altura di i so missioni. È subratuttu ch'iddu si ramintessi Manuel Valls chè nanzi ad iddu ci sò ministri sucialisti com'è Jospin, Joxe o Defferre chì si sò incaricati di a Corsica incù un certu successu. Un fiascu quì da a so parti saria un tradimentu à quiddu passatu è una tragedia chì pudaria essa difinitiva pà l'avvena di st'isula.

À dilla franca 21

(17 novembre 2012)

Silence on tue

Mafia ! Le mot est lâché au plus haut niveau du gouvernement. Enfin ! Pour soigner un mal la première condition est d'en établir le diagnostic. La fièvre que l'on mesure chaque jour est encore montée cette semaine avec l'assassinat de Jacques Nacer, le président de la Chambre de Commerce et d'Industrie de Corse du sud. Les médecins sont arrivés, le ministre de l'intérieur et sa collègue de la justice. Ils préconisent un traitement de choc. À les entendre, l'État va enfin jouer son rôle. Nous connaissons ce discours, nous l'avons entendu de la bouche d'autres ministres fanfarons tels que Sarkozy, Chevènement, Debré ou Pasqua. Mais cette fois nous voulons croire à une réelle volonté politique. Laissons leur une chance, ils débutent dans l'exercice du pouvoir et comme Saint-Thomas attendons de voir.

Fantasmes parisiens

Le seul tort de ces ministres est de continuer à colporter le cliché très parisien de l'omerta et la loi du silence en Corse. Selon les médias nationaux, nous aurions tous une arme à la ceinture et nous saurions tout sans rien vouloir en dire. Je me souviens de l'époque de la fuite d'Yvan Colonna, de ces touristes et même de certains amis, des intellectuels de haut niveau, que je croyais cultivés qui lâchaient de but en blanc : « Mais toi tu es Corse tu dois savoir où il est ? » Et qu'est-ce que j'en savais moi ?! Et que sais-je aujourd'hui de qui a tué Nacer, Sollacaro ou Sorba ? Que sais-je de ceux qui ont investi dans de luxueuses demeures et autres lotissements au bord de mer ? Qu'en sait la majeure partie des Corses ? Nous avons bien assez à faire pour gagner notre vie en nous débattant au quotidien pour l'emploi, la santé ou l'éducation de nos enfants… Seuls ceux qui en font partie savent ce que fait la Mafia. C'est à

dire les mafieux eux-mêmes et leur entourage, certains politiques corrompus ou sous pression, des entrepreneurs complices…
Alors, entendre Manuel Valls dire : « En Corse on sait qui sont les commanditaires mais on ne parle pas », est insupportable. Ce « on » est presque une insulte. Toujours cette histoire de loi du silence. Peut-on croire que ce n'est qu'à cause du « silence » des Corses que les enquêtes n'avancent pas ou plus justement parce-que la police et la justice s'en lavent les mains et laissent les mafieux s'entretuer ?

Muets ou balances ?

Comment se fait-il que cette loi du silence n'a pas empêché d'arrêter, juger et emprisonner des centaines de militants nationalistes clandestins ? Serait-ce parce que les Corses muets concernant les mafieux se transforment en balances lorsqu'il s'agit de nationalistes ? Ou est-ce que pour cela il y avait une réelle volonté politique ? À qui fera-t-on croire que l'État qui a réussi, au XIXe siècle, à arrêter des bandits - pas toujours d'honneur - cachés dans nos montagnes, à trouver et condamner les assassins d'un préfet, ne peut aujourd'hui faire plus ? Les moyens d'investigations modernes - ADN, balistique, écoutes, vidéos et autres balises GPS - sont autant d'outils pour traquer efficacement les criminels, qui plus est sur une île de 300 000 habitants. Au moins, qu'ils ne le disent pas à l'étranger - Rome, Palerme, Naples ou New-York - ils passeraient pour des incapables. Alors, lorsque les ministres reviendront, qu'ils cessent une fois pour toutes de parler de loi du silence. Qu'ils prennent des mesures à la hauteur de leur mission. Et surtout que Manuel Valls n'oublie pas que certains de ses prédécesseurs comme Jospin, Joxe ou Deferre connurent un certain succès dans leur gestion des affaires corses. Un échec de sa part serait une trahison de ce passé et qui sait, la tragédie de trop pour cette île et son devenir.

Traduction
Jean-Yves Acquaviva

À dilla franca 22
(24 nuvembri 2012)

Bella lizzioni di dimucrazia !

Ghjisù Cristu multiplicaia i pani - senza cicculata - è l'UMP faci listessi ma incù i voti di i so militanti. À u cungressu di u Partitu Sucialistu, trà Ségolène Royal è Martine Aubry s'erani dighjà accusati di latri, sta sittimana trà Jean-François Copé è François Fillon era ancu peghju. Ci vulia à sentali i ghjastimi, l'accusi di scruccaria è ancu i missi in causa à nantu à a muralità. È stu filmu - tragicu par certi, comicu par d'altri - ùn hè ancu finitu. L'anzianu primu ministru hà ancu prununciatu a parolla « Mafia ». Ma sta volta ùn tocca micca à Manuel Valls d'arrigulà l'affari ma à l'anzianu ministru di l'affari stragneri Alain Jupé. Pà circà di vedaci chjaru u paceri s'hà da inturnià d'altri « ghjudici » ma basta à sapè s'è quiddi chì sani qualcosa parlarani. Vistu ch'iddu si parla di maffia, basta à sapè s'iddu ùn ci hè micca omertà è leggi di u silenziu quì dinò. Li ci hà da vulè altru chè un beddu colpu di Karsher pà sbarazzà u partitu di quiddi chì si sò cumpurtati com'è « racailles ». In fatti, era scritta chì dopu à a disfatta di Sarkozy l'UMP s'avia da sfraià, parchì ci hè un bellu fossu ideulogicu trà a dritta « décomplexée » di Copé è a sensibilità suciali di Fillon. Marine Le Pen è Jean-Louis Borloo s'allisciani i mustacci - o i capiddi… À menu chì l'affari prufitessi à un antru : u ritornu di « S » ùn hè micca da scartà, subratuttu s'è a ghjustizia u laca in paci.

Presi di manu in a busgiacca

In tuttu casu, in una sittimana, à u più altu niveddu, avarani datu una bella lizzioni di dimucrazia ! Dighjà chì l'alittori t'aviani pocu fiducia in l'omini pulitichi, quì i mascari sò cascati. Comu ani da fà quisti quì - è d'altri - pà dumandà à u populu d'essa i so raprisintanti. Comu ani da fà par parlà di rispettu di a leggi, comu ani da fà par dà lizzioni à i so citadini o à paesi stragneri, allora ch'iddi ani fattu a dimustrazioni ch'iddi sò capaci d'arrubbassi trà iddi, in u so propiu partitu. In più si vendini tremindui, peghju chè i Dalton. Ancu assà chè in Corsica stu votu si hè passatu senza incidenti è senza cuntistazioni, incù un avantaghju di 30 voti pà François Fillon. Chì avariamu intesu s'è a scuccaria vinia d'ind'è no ! È s'è un tali scandalu era accadutu in un paesu africanu tandu si saria intesu subitu subitu u paesu di i dritti di l'omu parlà di Ripublica « Bananière ». Ma par avali hè ind'è l'urni di l'UMP chì Jupé i devi circà… i sbuchjuli di banana.

À dilla franca 22

(24 novembre 2012)

Jolie leçon de démocratie !

Jésus-Christ multipliait les pains - sans chocolat - et l'UMP fait la même chose avec les votes de ses militants. Au congrès du PS, Ségolène Royal et Martine Aubry s'étaient déjà mutuellement traitées de voleuses, cette semaine c'est au tour de Jean-François Copé et François Fillon. Il fallait entendre les quolibets, les accusations de tricherie et même les doutes sur la moralité des adversaires. Ce film - tragique pour les uns, comique pour les autres - est loin d'être terminé. L'ex premier ministre a même lâché le mot « mafia ». Cette fois ce n'est pas à Manuel Valls de résoudre le problème mais à l'ancien ministre des affaires étrangères Alain Juppé. Pour tenter d'y voir clair il va s'entourer de plusieurs « juges », reste à savoir si ceux qui savent parleront. Puisqu'il est question de mafia peut-être devons-nous nous attendre à voir sévir l'omerta ici aussi. Il lui faudra autre chose qu'un coup de Karcher pour débarrasser le parti de ceux qui se sont comportés comme des « racailles ». Il était écrit qu'après la défaite de Sarkozy l'UMP allait se fissurer à cause du fossé idéologique creusé entre la droite « décomplexée » de Copé et la sensibilité sociale de Fillon. Marine Le Pen et Jean-Louis Borloo se frisent les moustaches, ou les cheveux… À moins que tout ceci ne fasse l'affaire d'un autre : le retour de « S » n'est pas à exclure, surtout si la justice le laisse en paix.

Pris la main dans le sac

En une semaine, au plus haut niveau, on a donné une merveilleuse leçon de démocratie ! Les électeurs, qui n'avaient déjà guère de confiance à l'égard des hommes politiques, ont vu les masques tomber. Comment feront ceux-là - et d'autres - pour demander au peuple de les laisser le représenter. Comment feront-ils pour parler du respect des lois, pour en imposer aux citoyens d'ici ou d'ailleurs alors qu'ils ont fait la démonstration qu'ils peuvent se voler entre eux, au sein de leur propre parti. En plus, ils se trahissent eux-mêmes, pire que les Dalton. Heureusement qu'en Corse ce vote s'est déroulé sans incident ni contestation, avec un avantage de 30 suffrages pour François Fillon. Que n'aurions-nous entendu si l'escroquerie était venue de chez nous ! Et si pareil scandale était advenu dans un pays africain, nous aurions eu droit à l'indignation du pays des droits de l'homme parlant de république bananière. Mais pour l'instant, c'est dans les urnes de l'UMP que Juppé doit chercher… les peaux de banane.

Traduction
Jean-Yves Acquaviva

À dilla franca 23

(1a dicembri 2012)

Un cuntrattu par l'avvena

À u principiu di a sittimana, hè a visita di i ministri di l'internu è di a ghjustizia ch'hà fattu l'attualità ind'è no. Un travaddu rinfurzatu trà i sfarenti sirvizii di a pulizza è di a ghjustizia ma subratuttu a lutta contru à u sbiancamentu di soldi sò i principali misuri, incù l'ingagiamentu di tena u fiatu à longu andà. À u niveddu ecunomicu hè a firmata di a terza fasa di u PEI pà 537 ME ch'iddu ci voli à ritena pà sta duppia scumissa chì, d'una certa manera, hè un cuntrattu par l'avvena com'è quiddi ch'iddu hè vinutu à firmà, dui ghjorna dopu in Bastia, u ministru di a furmazioni. In ciò chì cuncerna un' avanzata di l'istituzioni, par avali, Manuel Valls ùn ni voli senta parlà, ma l'assamblea pò cuntinuà incù spirenza u so travaddu à nantu à u sughjettu vistu chì stu guvernu si hè fattu u spcialistu di u « dicu è disdicu ». Dopu à u votu di i stragneri, a custituzioni auropea è a TVA, n'hà datu un nuvellu asempiu in fini di sittimana incù a naziunalizazioni di Florange chì ùn si faci è u ministru Montebourg chì s'hè presu cusì un bellu schiaffu. In quistu u cuntrattu pà l'avvena l'uvrieri in lutta ùn ci credini manc'à pena.

Amicizia è pulitica

Quiddi ch'ùn ci credini manch'iddi à u cuntrattu d'avvena chì li hè prupostu sò i militanti di l'UMP. I dui capimachja ani missu u partitu à culu inghjò è ùn ci hè statu manera d'accuncià a somma. A maior parti dumanda di rifà un antr'elezzioni, com'è u diputatu Camille de Rocca Serra à quali Copé hà inviatu un uscieru pà cuntrullà u scrutinu in Portivechju. L'avarà presu par qualchì latru di pani à a cicculata ? In pulitica l'amicizia hè prestu sminticata. Pà una volta chì stu partitu vulia pruvà a dimucrazia interna, u fiascu hè tramendi ed hè una volta di più Nicolas

Sarkozy ch'hà da dicida solu solu. Marti chì veni, s'è un accordu ùn si trova, l'anzianu prisidenti diciarà chì Fillon è Copé sò disqualificati pà guidà u partitu. Ma quista, a sapiamu dighjà chì s'erani spuddati davanti à a Francia sana sana.

Una disqualificazioni ch'idda risica dinò Miss Corsica par via di unu sfogliu fatali. Di fattu, sò stati scuparti in certi publicazioni fottò d'idda nuda in cristu. Hè dunqua minacciata d'ùn pudè participà à a finali naziunali, privista l'8 di dicembri, ghjornu di l'Immaculata Cuncizzioni è festa di a nazioni. Forsa ci vularà à vutà dinò pà truvà un'antra Miss... Basta à fà un referendum par piddà a dicisioni ghjusta.

À dilla franca 23
(1er décembre 2012)

Un contrat pour l'avenir

En début de semaine, c'est la visite des ministres de l'intérieur et de la justice qui a fait l'actualité chez nous. Au programme, renforcement de la coopération entre les services de police et de justice et de la lutte contre le blanchiment d'argent assortis de l'engagement du long terme. Au niveau économique on retiendra la signature de la troisième partie du PEI d'un montant de 537 ME. Un contrat pour l'avenir comme celui qu'est venu parapher deux jours plus tard à Bastia le ministre de la formation. Pour ce qui est de l'évolution institutionnelle, Manuel Valls refuse d'en entendre parler pour l'instant. Cependant, l'assemblée peut continuer ses travaux et garder espoir car on connait le caractère changeant de ce gouvernement et son aptitude à se contredire. Après le vote des étrangers, la constitution européenne et la TVA, il nous en a donné un autre exemple en fin de semaine avec la nationalisation avortée de Florange et la gifle reçue par le ministre Montebourg. Dans ce contrat pour l'avenir là, les ouvriers ne voient aucune espérance.

Amitié et politique

Ceux qui ne croient pas non plus au contrat d'avenir qui leur est proposé, ce sont les militants de l'UMP. Les deux chefs de file ont mis le parti sans dessus dessous et rien n'y a fait pour qu'ils s'entendent. Une majorité appelle à une seconde élection, à l'instar du député Camille de Rocca Serra à qui Copé a envoyé un huissier pour s'assurer du bon déroulement du scrutin. Peut-être l'a t-il pris pour un voleur de pains au chocolat ? En politique on oublie vite les amitiés. Pour une fois que ce parti faisait le choix de la démocratie interne, l'échec est patent et c'est une fois de plus Nicolas Sarkozy qui décidera seul.

Mardi prochain, l'ancien président dira que les deux sont disqualifiés pour conduire le parti. Mais ça, nous l'avions appris en les regardant se déchirer devant la France entière.
Une disqualification que risque aussi Miss Corse à cause d'un effeuillage fatal. Des clichés la montrant nue comme un ver ont été découverts dans diverses publications. Elle reste sous la menace d'une interdiction de participer à la finale nationale prévue le 8 décembre, jour de l'Immaculée Conception et de la fête de la nation corse. Peut-être faudra-t-il voter aussi pour une autre Miss… À moins qu'un référendum ne nous délivre la réponse la plus juste…

Traduction
Jean-Yves Acquaviva

À dilla franca 24

(8 dicembri 2012)

Sutt'à i baddi... i bombi

Notti turchina... A sprissioni pudaria essa guasgi puetica. Inveci « chì notti bleue » tuttu ugnunu capisci subitu! Com'è una di sti nuttati chì a Corsica cunnosci di tantu in tantu dapoi l'anni 70. Hè di regula chì, pà a festa naziunali, i paesi moscini a so putenza fendu sfilà a so armata davanti à millai di parsoni. Hè un missaghju inviatu à u so populu pà rassigurallu ma dinò una manera d'addirizzassi à quidd'altri paesi stabilindu cusì un certu raportu di forza. Ind'è no, in Corsica, l'armata hè di l'ombra ed hè dunqua difficiuli d'urganizà tali manifistazioni pupulari. A sola manera ch'iddi trovani i clandistini par fassi senta hè dunqua di buffittunà à dritta è à manca, tutti a stessa notti è d'una manera cuncirtata.

Raporti di forza

Hè dunqua ciò chì s'hè passatu vennari sera, da Capicorsu à Bonifaziu è da Aiacciu à u Fiumorbu. Una vintina di casi sicundarii distrutti à a vighjiglia di a Festa di a Nazioni. U missaghju hè chjaru è ùn pò vena chè da u FLNC. S'agisci di muscià à vulintà di u muvimentu di « luttà contru à a spiculazioni ». Una spiculazioni ch'ugnunu misura è ghjudica à u so sguardu propriu, vistu ch'ùn hè micca ditta chì l'intaressi maffiosi sighini stati tocchi sta nuttata quì. Ma, subratuttu, i clandistini vuliani muscià à u guvernu chì u muvimentu hè sempri quì, ch'idd'hè sempri forti è ch'iddu ci vularà à cuntà à nantu ad iddu s'iddu ci devi essa qualchì discussioni à nantu à l'avvena istituziunali di a Corsica. Una manera d'ingagià un certu raportu di forza incù Parigi ma dinò incù quidd'altra branca di u Fronti.

Una rispunsabilità maiori

À u più altu niveddu di u Statu, i ministri t'aviani dighjà i so pinseri è u so da fà par circà di scumbatta u criminu urganizatu è l'assassinati ch'impiastrani di sangu a noscia isula. Incù sta « notti bleue » hè un'antru fronti chì si riapri. Manuels Valls hà cunfirmatu arimani tutta a ditarminazioni è a vulintà di u guvernu. È vistu ch'idd'hè sempri più faciuli ad arristà clandistini pocu pratichi chè tumbadori prufiziunali, sò i naziunalisti chì risicani d'essa i soli paganacci. In fatti, sta dimustrazioni di forza di u FLNC pudaria essa presa com'è una pruvucazioni. Ma ùn hè ditta ch'idda imprissiunessi u guvernu. Si ni pò ancu serva par fà divirsioni. Senza cuntà a cunfusioni in l'opinioni publica naziunali è internaziunali. Par vultà in Corsica, ùn hè ditta nemmancu chì, vistu u cuntestu attuali, stu subrapiù di viulenza rassicuressi u populu chì, in fatti, saria più in brama d'un avvena di paci. U Fronti veni di piddà una ripunsabilità pisanti in stu ghjornu di… l'Immaculata Cuncizzioni.

À dilla franca 24

(8 décembre 2012)

Sous les balles les bombes.

Notti turchina... L'expression pourrait sembler presque mystérieusement poétique, tandis que *notti bleue*, tout le monde comprend. Ce sont ces nuits qu'il arrive parfois à la Corse de connaître depuis les années soixante-dix. Pour la fête nationale, il est d'usage que chaque pays montre sa puissance en faisant défiler son armée devant des milliers de personnes, comme un message à destination de la population pour la rassurer mais une manière, aussi, de s'adresser aux autres nations en exhibant un possible rapport de forces. Ici, en Corse, l'armée est tapie dans l'ombre. Difficile, dans ces conditions, d'organiser de semblables manifestations populaires. Pour se faire entendre, la seule façon qu'ont trouvée les clandestins est donc de plastiquer de concert, tous azimuts, la même nuit.

Rapport de forces

C'est donc ce qui s'est produit vendredi soir, du Cap Corse à Bonifacio, d'Ajaccio au Fiumorbo. Une vingtaine de résidences secondaires détruites la veille de la Fête de la Nation. Le message est limpide, il ne peut venir que du FLNC. Il s'agit de montrer la volonté du mouvement de « lutter contre la spéculation ». Une spéculation que chacun appréciera et jugera à sa manière car, visiblement, les intérêts mafieux ne semblent pas avoir été attaqués cette nuit-là. Mais les clandestins ont surtout voulu montrer au gouvernement que le mouvement est toujours en place, toujours puissant, et qu'il faudra bien compter avec lui lorsqu'il s'agira de débattre de l'avenir institutionnel de la Corse. Une façon d'engager une sorte de rapport de forces avec Paris mais aussi avec l'autre branche du Front.

Une lourde responsabilité

Au plus haut niveau de l'État, les ministres étaient déjà pris dans les soucis et occupés par les projets d'action pour tenter de combattre le crime organisé et ces assassinats qui ensanglantent notre île, mais avec cette nuit bleue voilà un autre front qui s'ouvre à nouveau. Manuel Valls a confirmé hier toute la détermination et la volonté du gouvernement. Et, considérant qu'il est toujours plus aisé d'arrêter des poseurs de bombes peu aguerris plutôt que des tueurs professionnels, les nationalistes risquent encore d'être le gibier facile. En définitive, cette démonstration de force du FLNC pourrait être prise pour une provocation. Rien ne dit toutefois qu'elle ait pu impressionner le gouvernement. Elle peut même servir à faire diversion. Sans compter la confusion au sein de l'opinion publique, nationale et internationale. Pour revenir à la Corse, rien ne dit également qu'au regard du contexte actuel ce regain de violence puisse rassurer un peuple qui, à dire vrai, aspire plutôt à un avenir de paix. Aujourd'hui, jour de l'Immaculée Conception, le front vient de prendre une lourde responsabilité !

Traduction
Jean-François Rosecchi

À dilla franca 25

(15 dicembri 2012)

Una sittimana trà schifizzu è spiranza

Tamantu schiaffu! Eccu chì u ministru di l'internu rimprova oghji à l'eletti corsi d'ùn cundannà à bastanza l'azzioni di i muvimenti clandistini. Chì mancu di ricunniscenza pà i nosci eletti tradiziunali, di dritta com'è di manca, chì dapoi l'anni è l'anni ani fattu di a dinnuncia di a viulenza pulitica u so fundu di cumerciu. U focu ùn era ancu spintu, i bombi erani sempri caldi chì u cumunicatu di stampa era dighjà prontu par cundannà « stu tarrurismu causa di tutti i malanni di a Corsica ». O Manuel Valls hè mal cunsigliatu o circa daveru a puzza. Dopu ad avè missu in avanti una rispunsabilità cullittiva di a Corsica di pettu à a Maffia, st'attaccu contru à l'eletti passa mali. D'altrondi, in u sundaghju, 2/3 di i Corsi dicini ch'iddi li facini pocu cunfidenza par arrigulà i prublema di l'isula. Allora, avali, bastani i parolli, à l'atti citadinu.

L'accunsentu storicu?

Ma hè vera chì a classa pulitica corsa pari d'avè cambiatu dapoi qualchì anni. Pari di vulè pinsà a Corsica à l'ora d'Aiacciu è micca à quidda di Parigi. Ed hè cusì ch'iddu si circa un largu accunsentu par metta in piazza un veru bislinguismu è un' evuluzioni di u statutu di l'isula incù un puteri lighislativu. Un referendum lucali hè ancu privistu par circà di pisà di tutta a forza d'un populu unitu à nantu à u guvernu. Autunumia, bramani ancu, d'una pagina à l'altra, José Rossi – anzianu ministru UDF, anzianu prisidenti di l'assamblea – è Francesu Alfonsi, diputatu auropeu naziunalistu. Una pagina chì si ghjira par un'antra ch'iddu ci voli à scriva… à parichji mani! Par una volta, qualchì spiranza ci pò essa!

Saccu biotu ùn teni rittu

Ma una spiranza par chì fà? Prima di tuttu par circà d'arrigulà stu scandalu di a puvartà. 20 % di a pupulazioni corsa chì campa di manera mischina, chì si circa una dignità incù i mezi chì ci vularia par addivà a so famidda di manera unesta è ghjusta. Incù una spiranza dinò di truvà alloghju è travaddu par a noscia ghjuventù. Mi ripettu, a socu, ma hè ciò ch'iddu aspetta viramenti u nosciu populu. Parchì pocu li garbaria di parlà a so lingua s'è a panza hè biota. Pocu si n'impippa di l'autunumia s'idd'hè par tichjà i ricconi - sempri più ricchi - ch'ingrassani custruindu è vindindu casi è casamenti à nantu à u litturali. Schifizzu !

A scappata d'Obelix

Di certi maghjali com'è Depardieu ci ni passemu in Corsica. T'avemu dighjà à chì fà à sustena i nosci mischineddi Poletti è Fieschi ch'accupani l'assamblea di Corsica par dinnuncià « una parsecuzioni fiscali » contr' ad iddi. I dui omini t'ani certamenti raghjoni - o i so raghjoni - ma l'affari pari più di l'ordini parsunali chè puliticu, ancu s'è tutti i muvimenti naziunalisti l'ani porsu u so sustegnu. Forsa una canzona, com'iddu l'avia fatta Florent Pagni, pudaria aiutà à sorta di u cunflittu. Ma rivinimu à quiddu Obelix, talmenti tichju à « potion magique » ch'iddu hà dicisu d'ùn sparta più incù u so populu, andendu à piattà in Belgica ciò ch'iddu hà presu in Francia. Ancu l'Americani chì ùn sò puri micca cunnisciuti pà a so filusuffia sucialista ùn li parmettini cumpurtamenti paghjesi.
Ancu s'iddi stani à u stragneri - è ch'iddi ni tirani cusì qualchì avantaghju - i citadini americani devini pagà a diffarenza di l'impositu in u so paesu. Una misura di ghjustizia à nantu à a quali si cummencia - infini- à rifletta ancu in Francia. In Corsica, una prova in stu sensu hè stata iniziata incù un elettu chì facia vultà - à palati - i solda vinti in i chjirchji di ghjochi parigini. Ma u tribunali circa oghji di falli capì, à iddu com'è à i so amichi, ch'idd'ùn ci vulia micca à cunfunda… inviluppa incù sviluppu !

À dilla franca 25

(15 décembre 2012)

Une semaine entre écoeurement et espérance

Quelle gifle ! Voici aujourd'hui que le ministre de l'intérieur reproche aux élus corses de ne pas suffisamment condamner les actions des mouvements clandestins. Quel manque de reconnaissance pour nos élus traditionnels, de droite comme de gauche, qui depuis des années ont fait de la dénonciation de la violence politique un fonds de commerce. Le feu n'était pas encore éteint, les bombes étaient toujours chaudes que les communiqués de presse étaient déjà prêts afin de condamner « ce terrorisme cause de tous les malheurs de la Corse ». Ou bien Manuel Valls est mal conseillé, ou alors c'est qu'il cherche vraiment la bagarre. Après avoir mis en avant une responsabilité collective de la Corse vis-à-vis de la Mafia, cette attaque contre les élus passe plutôt mal. D'ailleurs, dans un sondage, 2/3 des Corses prétendent qu'ils lui font peu confiance pour régler les problèmes de l'île. Alors maintenant, assez de paroles, aux actes citoyen !

Accord historique ?

Mais il est vrai que la classe politique corse semble avoir changé depuis quelques années. Et la Corse semble vouloir penser à l'heure d'Ajaccio et non plus à celle de Paris. C'est ainsi que l'on cherche désormais un large consensus en vue de mettre en place un véritable bilinguisme et une évolution du statut de l'île au travers d'un pouvoir législatif. Un référendum local est même prévu pour essayer de peser de toute la force d'un peuple uni sur le gouvernement. Autonomie, demandent même, d'une page à l'autre, José Rossi – ancien ministre UDF, ancien président de l'Assemblée – et François Alfonsi, député européen nationaliste. Une page qui se tourne pour une autre qui reste à écrire… à plusieurs mains ! Pour une fois, l'espoir est peut-être de mise !

Un sac vide ne tient pas debout

Mais un espoir pour quoi faire ? Avant toute chose pour essayer d'enrailler ce scandale de la pauvreté. 20 % de la population corse vit de manière misérable, et cherche la dignité et les moyens nécessaires afin d'élever une famille de manière juste et honnête. Et avec l'aspiration également de trouver un logement et un travail pour les plus jeunes. Je me répète, je le sais, mais c'est ce que veut réellement notre peuple. Qui ne se soucierait guère de parler sa langue avec le ventre vide. Et qui se fiche de l'autonomie s'il ne s'agit que d'engraisser les plus riches – toujours plus riches – qui se gavent en construisant et en vendant maisons et immeubles sur le littoral. Écœurant !

La fuite d'Obélix

De certains pourceaux comme Depardieu, on s'en passe bien en Corse. Nous avons déjà suffisamment à faire avec nos malheureux Poletti et Fieschi qui occupent l'Assemblée de Corse pour dénoncer « une persécution fiscale » à leur encontre. Les deux hommes ont sans doute raison – ou leur raison – mais l'affaire semble plus relever du privé que du politique, même si tous les mouvements nationalistes leur ont apporté leur soutien. Mais revenons à notre Obélix, tellement repu de potion magique qu'il a décidé de ne plus partager avec son peuple, et s'en est allé en Belgique pour enfouir ce qu'il avait pris en France. Même les Américains, pourtant peu réputés pour leur philosophie socialiste, ne permettent pas de tels agissements.

Même s'ils résident à l'étranger – et qu'ils en tirent ainsi quelques avantages – les citoyens américains doivent ainsi payer la différence sur l'impôt à leur propre pays. Une mesure de justesse sur laquelle on commence – enfin – à réfléchir même en France. En Corse, une tentative de ce genre a été impulsée par un élu qui faisait revenir – et pas qu'un peu – l'argent gagné dans des cercles de jeu parisiens. Mais les tribunaux essaieraient aujourd'hui de lui faire comprendre, à lui ainsi qu'à ses amis, qu'il ne faudrait pas confondre… *enveloppe* et *développe* !

Traduction Marc Biancarelli

À dilla franca 26

(4 ghjinnaghju 2013)

Lettara d'un' isula à Babbu Natali

Fala babbuchju natali
Da i monti è da i vaddi,
Par sparta gioia è piacè,
Feti ch'iddu ùn si scordi di mè.

Sicura chì sogu un' isula vechja
Par creda sempri in u barbutu
Ma ùn sogu ancu crechja
Chì i « Maya » ci ani sbagliatu.

Sicura ch'ùn so stata brava,
Ma qualchì scusa a possu avè.
À chì si penti à chì si lava,
À tutti i mei ùn dicu avvè.

Quand'una casa andaia di mali
Un ziu preti li si prigaia.
Senza puri essa cridanciuli
Qualchì miraculu prighemu ghjà.

Unghjunu incù a so fedi
In qualchì Diu ch'iddu sceddi,
O fedi in a natura
In l'amori o in i futura.

S'idd'ùn hè Babbu Natali
Pò essa quiddu di a patria.
Basta ch'iddu ci senta à pena
Par dacci curaghju una cria.

Un curaghju par dì di nò
À ciò ch'ùn si pò accittà.
Un curaghju par dì di sì
À un avvena sceltu cusì.

Un avvena di dignità,
Di travaddu, valori è di paci,
Un avvena di carità,
Aiò chì sparta semu capaci!

Di st'isula pinta di sangu
Pulimuni monti è vaddi.
Chì u russu fussi focu
Di spiranza in ciò ch'accadi.

Avà, guditivi à stu Natali
Senza più pinsà à mali.
Bon dì, bon annu,
È bon capu d'annu...

In grazia di qual Babbu vi scidditi...

Sunta

Compiu di stampà
d'Aostu di u 2014